CÔTE de GRANIT ROSE

Aux origines

Auteure **Hélène Maurice-Kerymer**

Photographe **Michel Follorou**

Éditions **OUEST-FRANCE**

SOMMAIRE

L'origine des mondes

Au premier regard, on pourrait être comblé par la force et la beauté de ce chaos granitique. Pourtant, quand on précise et développe son œil au-delà de la première vision, quand il pénètre la roche, fouille la matière sous l'écorce de pierre, interroge ses formes, le mystère nous envahit, l'imagination nous embarque aux sources. C'est l'origine des mondes qui s'impose.

Puis un deuxième regard nous transporte encore plus loin, vers l'au-delà, vers cette mer immense, horizon infini qui s'abandonne au vaste ciel. Une troisième dimension apparaît alors, celle d'un univers fantasmagorique et mystique, un écho lointain du cosmos.

Depuis 300 millions d'années, peu de transformations, peu de différences avec ce qui est aujourd'hui. Ces rochers de granit rose sont la genèse, quand les mythes se conçoivent pour être ce que l'art ou les mots ne disent pas encore.

Face aux éléments, devant cette nature grandiose et spectaculaire, je me sens tout petit, mais chez moi. Je fais partie de ce monde originel.

Michel Follorou

Le Langage de la pierre

Considérer la Bretagne comme l'une des plus belles régions au monde et penser que le Trégor, pays singulier des Côtes-d'Armor, en est l'un de ses joyaux inégalés sont des évidences largement partagées. Ses rivages et son arrière-pays, entre landes, forêts et vallées profondes nous émerveillent de leurs paysages uniques, somptueux et mystérieux.

Que dire alors de la Côte de Granit rose, pépite parmi les pépites. Sa roche en est la racine, l'écriture sacrée, un langage en forme d'éternité dont les traces primitives ou domestiquées nous invitent à la découverte, à la connaissance et surtout au respect.

Né de chambres magmatiques il y a trois cents millions d'années, ses granites aux couleurs étonnantes varie des roses intenses aux gris constellés de nuances bleues ou vertes. Partout présent, il forge une identité propre à ce territoire que les éléments n'ont cessé de façonner au fil des temps géologiques. Rochers altiers dressés face au large tels des Moaï impassibles, gisants brisés au fond des carrières, blocs scarifiés de la main de l'homme ou modelés par la mer et le vent, sublimés en d'énigmatiques mégalithes ou glorifiés en d'innombrables calvaires, chapelles et châteaux, le granit de cette côte nous ensorcelle de ses mille figures, comme autant d'indices semés pour nous raconter le récit de sa genèse.

Car, oui, il me plaît à penser, comme le propose la vision photographique de Michel Follorou, que nous sommes, là, dans ce pays de la Côte de Granit rose, face à l'origine des mondes. Sous des ciels impétueux, une lumière incomparable dessine un horizon sans cesse réinventé. L'imaginaire le dispute au réel : mondes du visible et de l'invisible, empreinte de temps immémoriaux lorsque la Pangée, dans sa dérive des continents et son évolution, dessinait les premiers contours de la lointaine Armorique. Entre glaciation et réchauffement, les mers ont creusé leurs lits, révélé des isthmes. Des massifs se sont élevés. Des entrailles de la terre, les magmas ont libéré leurs richesses. À l'est et à l'ouest, l'orthogneiss, roche sombre vieille de deux milliards d'années est l'une des plus anciennes de France. Elle cohabite à l'ouest avec une myriade de filons granitiques aux compositions merveilleuses, aux variétés de grains, fins ou grossiers, aux couleurs improbables et spectaculaires, comme ce rouge incandescent qui embrase les amas rocheux de Ploumanac'h, au soleil couchant.

Cristaux de quartz, de feldspath, de plagioclases, paillettes de mica irradient. Ils font de ces majestueux chaos granitiques un trésor que les hommes et les femmes de ce petit pays du Trégor ont su préserver et magnifier. C'est là leur secret et leur défi. Depuis la nuit des temps, cette roche multimillénaire est l'ADN de ce peuple de bâtisseurs, de tailleurs de pierre, de paysans et de marins. Elle en a forgé la détermination, le courage, inspiré la spiritualité et les rêves, instillé l'esprit de résistance et la créativité.

Ici, les mythes et légendes pullulent. Dolmens et menhirs abritent fées et korrigans. Les druides tutoient les étoiles et les dieux. Les saints traversent la Manche sur des embarcations de granit. Des moines ermites chassent les dragons. Dans les mondes souterrains de l'île d'Aval, repose l'âme du roi Arthur dans l'attente de revenir un jour unir les deux Bretagne et sauver les Bretons.

Des chevaliers héroïques défendent des forteresses dont les noms claquent au vent. Roche Jagu, Tonquédec, Rosanbo, Kergrist... Ces châteaux orgueilleux ou humbles manoirs oubliés témoignent des soubresauts de l'Histoire.

Ils racontent la formidable capacité des hommes à conquérir par leur labeur et leur bravoure, l'espace et le temps.

Partout les traces gravées dans la pierre. Allées couvertes, sculptures celtes, temples gallo-romains, chapelles romanes et cathédrales gothiques, cités médiévales, châteaux du siècle des Lumières. Guidé par les croyances et les progrès de chaque époque, le granit écrit l'histoire des hommes. Les villages, autrefois peuplés de carriers, de pêcheurs et de paysans ont aujourd'hui évolué en de coquettes stations balnéaires aux élégantes demeures dont le lien, encore et toujours, réside dans les façades ornementées de granits locaux.

Comment ne pas vouloir se fondre dans ce pays magique, en parcourir les chemins de pierre ? Comment ne pas s'interroger aussi sur la fragilité de cet héritage et constater que, sous la pression du monde, des bouleversements de tous ordres bousculent nos certitudes. Avec la mondialisation, les granits bretons ont cédé la place aux granits indiens ou chinois. Les changements climatiques menacent nos côtes. L'hyperfréquentation touristique détériore les écosystèmes et la biodiversité. Une urbanisation galopante peine à trouver le bon équilibre entre respect des paysages et développement du territoire.

Mais la conscience d'un patrimoine naturel exceptionnel est là, bien ancrée dans le cœur des Trégorrois. Les initiatives fleurissent pour que soit préservée l'essence même de cette richesse et que la beauté unique et extraordinaire de ces chaos granitiques perdure pour les générations futures. L'association Préservation et respect, par exemple, épaulée par les pouvoirs publics déterminés, bataille aujourd'hui pour que le site de la Côte de Granit rose soit inscrit au patrimoine mondial de l'humanité par l'Unesco, chance ultime de faire rempart aux menaces présentes et futures de disparition de ces paysages uniques.

Des rochers roses de Perros-Guirec, de Trégastel et de Trébeurden, de l'île Grande à Pleumeur-Bodou, des Sept-Îles aux îles de Bréhat au nord de Paimpol et de la presqu'île de Lézardrieux, au cœur des pays de Lannion, Tréguier et Guingamp, au-delà des frontières naturelles que constituent les rivières du Trieux, du Jaudy ou du Léguer, de Plestin-les-Grèves et du Grand Rocher de Saint-Efflam aux confins du Menez Bré, les granits roses, gris, bruns, beiges, bleus ou verts sculptent un pays à part. Ils nous invitent à la découverte et à l'émerveillement.

C'est la proposition de cet ouvrage et des photographies réalisées par Michel Follorou. Son regard sensible et pénétrant a choisi d'explorer et d'interpréter ce pays de granit, au plus profond de sa matière et de sa lumière pour nous en révéler la splendeur, l'authenticité et l'âme éternelles. Une vision singulière en quête des origines de ces mondes granitiques, vieux de plusieurs centaines de millions d'années.

Au commencement était le granit

L'échelle du temps

L'échelle du temps est un puits sans fond qui étourdit. Explorer le monde minéral est vertigineux. Pour les pauvres mortels que nous sommes, habitués à raisonner à l'aulne de nos courtes vies, comment concevoir que ces roches proviennent d'un lointain qui se calcule en milliards et millions d'années ?

Quatre milliards cinq cents millions d'années pour que naisse la Terre. Deux milliards pour que surgissent en Armorique l'orthogneiss par affleurements, visibles sur les sites du Ranolien à Perros-Guirec à Trébeurden et sur l'île Milliau. Six cents millions pour qu'apparaisse le granit de Perros et de l'île de Bréhat, puis trois

cents millions d'années pour que les granits roses de La Clarté et de Ploumanac'h, ceux de la vallée des Traouiéro et le Gabbros de Trégastel viennent nimber cette partie de la côte de leurs teintes irréelles. Enfin, deux cent quatre-vingt-dix millions d'années ont été nécessaires pour que les granits de Saint-Samson et de l'île Grande façonnent un paysage unique, fruit d'une composition géologique d'une incroyable richesse.

Sous la fine couche terrestre, épaisse d'à peine quelques kilomètres, grondent les Enfers et le monde inquiétant des magmas en fusion. C'est dans ces profondeurs qu'un matériau visqueux, stocké dans des chambres magmatiques, affleure aujourd'hui. Ce corps liquide s'est inséré dans les matériaux présents déjà solides, s'y est refroidi lentement. Se sont formés alors les cristaux du granit : le mica en premier, puis le feldspath et le quartz, plus dur que l'acier. Cette architecture de cristaux en liant la roche a donné ainsi naissance au granit, du latin *granum* qui signifie « grain ». Des massifs intrusifs sont apparus, comme le massif de Ploumanac'h. Et lorsque les montagnes hautes comme les Alpes se sont dressées à l'ère cadomienne puis hercynienne, conséquences des mouvements tectoniques, les poches magmatiques se sont aussi élevées. Sous l'effet des variations du climat et des déformations du niveau de la mer, des périodes de glaciation et de dégel, des glissements de terrains et fragmentations des reliefs, des dépôts de lœss et d'une érosion extrême, les couches supérieures ont disparu progressivement, laissant émerger la roche granitique. Plus résistante aux effets du temps, elle a essaimé sur tout un territoire ses chaos spectaculaires, ses formes insolites, ses champs de pierre.

Comme il est fascinant de penser que nous partageons avec le ciel et la mer, ces extraordinaires paysages qu'ont foulés nos ancêtres les plus proches comme les plus antédiluviens. Dinosaures, ammonites, monstres marins, mégalodons et autres ptérodactyles précèdent de peu les hommes des cavernes et leurs outils de silex, les Celtes échevelés et leurs allées couvertes, nos tailleurs de pierre, bâtisseurs de cathédrales et de cités millénaires, habitants et visiteurs d'aujourd'hui. Tous participent d'une même et unique histoire, d'un même destin dicté par cet environnement minéral.

Goutte d'eau dans la mer à l'échelle du monde et de ses origines, le règne humain est le plus éphémère. Pourtant chaque pierre, chaque galet, chaque rocher témoigne de sa volonté de dompter et de retenir le temps, d'y laisser son empreinte.

D'ailleurs, il est une constance chez l'homme, c'est son goût pour les cailloux et l'émotion que procure en lui la contemplation de ces brisures de roches. Depuis son plus jeune âge, il ne peut s'empêcher de remplir ses poches de petits graviers, d'alourdir ses sacs de ces minuscules pierres amassées au fil de ses errances.

Le corps tout entier penché vers le sol, le regard en alerte scrutant parmi les herbes ou sur une plage le spécimen rare dont la forme, la couleur ou l'éclat viendra enrichir un trésor commencé de longue date. L'enfant puis l'adulte restent fascinés par la beauté intrinsèque du moindre caillou.

Très tôt, il se rêve explorateur, géologue et devine, de manière inconsciente, que ces petits riens sont tout.

La maison du Littoral sur les chemins douaniers de Perros-Guirec présente une bien jolie collection de granits, classés par couleur et facture. Le granit de La Clarté à gros grains de feldspath d'un rose ou rouge flamboyant. Le granit des Traouïero à très gros grains pouvant atteindre plus de cinq centimètres, mêlant un rose plus pâle à des nuances vertes. Le granit de Saint-Samson en Pleumeur-Bodou dont le grain fin rosé et moucheté de gris évoque le sucre cristallisé. Il porte pour cette raison le nom de saccharoïde. Le granit ramassé sur l'île Agathon presque lisse renferme quant à lui des feldspaths dorés, plus épais. Enfin, des fragments de granits en provenance de l'île Grande présentent des grains très fins, les uns parsemés de mica noir que l'on appelle « bleu de l'île Grande », les autres dits « granits blancs » composés de deux micas, l'un noir, l'autre blanc, sans oublier le granite vert de Trégastel et son épidote.

Au milieu de ce trésor, deux roches racontent une histoire plus ancienne : un orthogneiss lité, témoin d'un volcanisme vieux de deux milliards d'années. L'autre roche est une magnifique cornéenne de l'île Milliau. Cette roche très dure est le résultat du métamorphisme de roches diverses au contact d'un corps magmatique. Sa teinte sombre est striée de longues et fines marbrures argentées, semblables à la chevelure d'une fée ou d'une divinité celte. Elle est magnétique.

La meilleure façon de prendre la mesure de cette extraordinaire variété de roches est de se rendre au soleil couchant, au bout de la corniche du Sémaphore à Perros-Guirec. Sur le belvédère aménagé qui fait face aux Sept-Îles, un seul regard suffit pour découvrir dans les plis du rivage les différentes traces héritées de ces temps immémoriaux. Alors, la mer, la plage, les sentiers douaniers qui longent les falaises prennent un tout autre sens. Ils apparaissent presque dérisoires comme de simples pointillés dans des vies plus vastes, des temps qui nous dépassent et s'imposent à nous. Ce sont les temps géologiques.

Granit rose, rouge impérial

Parmi toutes les variétés de granits qui font la fierté des Bretons, le granit rose aux couleurs spectaculaires a donné son nom à tout un territoire, celui de la Côte de Granit rose. C'est dire combien ses teintes exceptionnelles ont déterminé son identité et sa réputation à travers le monde. Rose cristallin au lever du soleil, incandescent à son coucher, c'est une pierre rare, précieuse dont les grains semblent vibrer au gré des heures du jour et des saisons.

À l'origine se trouve le massif ou pluton de Ploumanac'h. Il se situe exclusivement sur ce microterritoire de seize kilomètres, entre les communes de Perros-Guirec, de Trégastel, de Pleumeur-Bodou et de Trébeurden.

Ses empilements aux formes rondes impressionnantes sont le résultat de la poussée magmatique et de l'érosion puissante des sols. Sa composition très riche en feldspath et en fer explique l'intensité de sa couleur. Très tôt, ses qualités esthétiques et de solidité en font un matériau de choix. Dès le Néolithique, il est exploité pour la construction de mégalithes, tels que les allées couvertes de l'île Milliau à Trébeurden, de Kerguntuil à Trégastel ou pour le menhir christianisé de Saint-Uzec à Pleumeur-Bodou.

Siècle après siècle, le granit rose s'impose dans la construction de la plupart des chapelles, oratoires, fontaines, manoirs du Trégor... Associé aux granits roses de Saint-Samson, à ceux beige rosé de l'île d'Agathon, aux bleu-gris de l'île Grande, au discret vert de Trégastel, il se distingue comme pierre noble, ornementale, incontournable des édifices majeurs. La cathédrale de Tréguier, le tombeau du duc Jean V de Bretagne, l'église Saint-Jacques de Perros-Guirec, la chapelle de La Clarté, celle de Saint-Guirec et son oratoire, et tant d'autres monuments prestigieux ou plus contemporains en témoignent. La ville de Perros-Guirec est à ce titre une véritable vitrine des différents emplois possibles du granit rose qui lui confèrent une couleur et une douceur sans pareil.

Partout en France et à l'étranger, le granit rose est à l'honneur et sélectionné pour l'édification de monuments emblématiques. La croix de Lorraine du Mémorial du général de Gaulle à Colombey-les-Deux-Églises, les sarcophages de l'Ossuaire de Douaumont, la tour Stevenson à San Francisco aux États-Unis, et d'autres bâtiments réputés à Fukuoka au Japon, à Yaoundé au Cameroun ou encore aux Pays-Bas, en Suisse, Italie, Espagne, Grande-Bretagne… Les plus grands sculpteurs aussi se sont emparés de cette roche, tels Kitagawa, Takawashi, Sakaï, Marmentini, Seenu Shanmugan et les bretons Patrice Le Guen, Hervé Quéré, Marc Simon, François Breton, Christophe Le Baquer et autres talents. Leurs œuvres, pour certaines d'entre elles, peuvent aujourd'hui être admirées au parc Christian-Gad à Perros-Guirec ou à la Vallée des Saints à Carnoët.

On savait déjà que le granit était la pierre favorite des dieux, celle choisie par les pharaons pour bâtir les pyramides et les temples d'Égypte, celle des cathédrales et des églises élevées pour se rapprocher des Cieux. Sait-on que le granit rose, baptisé « rouge égyptien », avait été présenté à l'empereur Napoléon Ier ?

Admiratif de sa couleur impériale, celui-ci envisageait de faire édifier un monument en granit rose à la gloire des grognards de la Grande Armée. La retraite de Russie et son issue fatale mirent fin à cet ambitieux projet.

Pendant longtemps, le granit rose fut principalement prélevé sur les blocs de surface du massif de Ploumanac'h, les gisements à ciel ouvert étant plus simples à travailler. À l'orée du XIXe siècle, la Belle Époque étale ses richesses. La Côte de Granit rose attire promoteurs et investisseurs. Il faut plus de pierre pour fournir les chantiers de construction. Les plus beaux rochers servent de carrières à l'édification des élégantes villas balnéaires dont le nombre ne cesse de croître sur le littoral.

Le lieu exceptionnel et unique de Ploumanac'h est menacé de disparaître. Il faut stopper sa destruction programmée. Une poignée d'amoureux du site, conscients de l'urgence, passent à l'action et parviennent à sauver Ploumanac'h. En 1901, les statuts de l'association du Syndicat artistique de protection des sites pittoresques de Ploumanac'h sont déposés. L'engagement visionnaire de ces défenseurs se traduit également par l'acquisition des terrains disponibles le long du rivage, de Trégastel à Pors Rolland, anticipant de presque un siècle, la mission de préservation et de valorisation de l'espace côtier aujourd'hui défendue par le Conservatoire du littoral.

Il faudra attendre le début du XXe siècle pour que s'ouvrent à La Clarté et dans la vallée des Traouiro, à Perros-Guirec, de grandes carrières dont l'exploitation perdure à ce jour. L'industrie granitière s'organise, se modernise. La Société armoricaine de Granit, les entreprises Isidore Étienne, Rébillon, Hinard, Adami, Gad et d'autres encore ainsi que leurs ouvriers font partie intégrante de l'histoire du patrimoine local. Leur savoir-faire d'exception fera la richesse et la fierté de tout un territoire et sa renommée dans le monde entier.

Chaos granitiques et monstres de pierre

Tous les chemins convergent vers Ploumanac'h. Impossible d'échapper à l'attraction de ce lieu étrange et fantasmagorique. C'est un Graal pour les poètes et les rêveurs. L'imaginaire y tient la place reine et tant pis pour les plus cartésiens. Ils n'y verront que de spectaculaires spécimens de roches, tandis que les autres reconnaîtront dans les formes oblongues couchées sur le sable ou perchées en d'improbables agrégats, de dociles ou inquiétants monstres de pierre qu'un sortilège aura pétrifiés lors d'un probable combat de titans. Foi de Trégorrois, c'est ainsi que les choses se sont déroulées dans ce pays, il y a des millions d'années.

Autrefois, avant que ne se développe un tourisme du pittoresque et des contrées exotiques dont faisait partie la Bretagne, les rares visiteurs de la Côte de Granit rose ne pouvaient regarder les chaos granitiques de Ploumanac'h sans éprouver un certain effroi.

Les croyances populaires et autres réminiscences venues de cultes anciens laissaient penser que ces constructions monumentales d'amas de roches avaient pu être jetées là, par quelque dieu au caractère ombrageux et tempétueux. Et oui, les dieux ont leurs petites colères.

Il s'en est suivi bien des désordres sur les rivages de Ploumanac'h : Apocalypse de pierre, grêles de roches en forme d'éboulis monstrueux… Les chaos de granit jonchant l'estran témoignent de ces diableries.

Les paysages de Ploumanac'h, longtemps lunaires, le seraient sans doute restés sans la hardiesse de l'homme à vouloir apporter sa touche personnelle et défier les divinités.

Fantaisie, rêverie trouvent en effet dans ce cadre un écrin favorable à toutes les audaces. De paysages de fin du monde, d'abris troglodytiques et de pierres supposées sacrificielles, stèles gauloises et autres vestiges antiques, port naturel au trafic maritime intense de la période gallo-romaine au XVIIIe siècle (on y a trouvé lors de travaux un vase de grès contenant des pièces d'or du peuple des Osismes), le site s'ouvre aux contes de fées, aux songes romanesques.

Avec le XIXe siècle, le site de Ploumanac'h fascine et inspire. Les poètes et les peintres sont sous le charme. Tableaux de scènes locales typiques et poèmes mystiques envoûtent leurs contemporains. La roche des Poètes célèbre la mémoire des « Chantres du Trégor », parmi lesquels Charles Le Goffic, Gabriel Vicaire et Anatole Le Braz. Le mouvement romantique se mêle du paysage. Castels néo-gothiques, gargouilles grimaçantes, jardins exotiques bordés de pins maritimes surplombant les criques ajoutent, ici et là, des histoires à l'histoire.

Au détour des chemins perdus dans la lande et des colosses de granit courbant l'échine au passage du promeneur, surgissent au travers des brumes du soir les silhouettes fantomatiques de manoirs solitaires. On songe aux *Hauts de Hurlevent*, au manoir de Manderley…

Ploumanac'h déroule ses fresques comme autant de récits fondateurs. Car les rochers ne sont pas seuls à façonner la légende des lieux. La mer y joue en permanence sa partition. Saint Guirec, moine gallois, n'hésite pas à traverser la Manche pour évangéliser la région. En débarquant sur la grève au VIe siècle, il marque de sa ferveur durablement les lieux. Au fil du temps, les habitants lui dédient autel, chapelle, processions. Un oratoire édifié au XIIe siècle abrite sa statue. On y prie le saint afin qu'il protège les marins et les pêcheurs, mais pas uniquement. Les jeunes filles en quête de maris ne doutent pas qu'en lui plantant une aiguille dans le nez, et si celle-ci y reste bien fichée, elles verront leur vœu s'exaucer dans l'année ! La chapelle bâtie au XIVe siècle était autrefois entourée d'un cimetière modeste. On enterrait là les hommes péris en mer dont les corps anonymes avaient échoué sur le rivage.

Des histoires de naufrages, la côte en regorge. Elles sont même à l'origine des constructions emblématiques de Ploumanac'h. La chapelle de La Clarté n'a-t-elle pas été édifiée, selon la légende, suite à la promesse du sieur de Barac'h. Ses navires de guerre égarés dans un brouillard épais à l'approche de la passe, menaçaient de sombrer dans les dangereux fonds semés d'écueils rocheux. Le pieux seigneur se prosterne alors et priant Notre-Dame, promet, s'il en réchappe avec ses équipages, de lui bâtir un autel. Aussitôt entendu, le miracle se produit. Une clarté divine apparaît guidant la flotte vers le port. Ainsi naquit Notre-Dame de La Clarté sur les hauteurs du tertre de Ploumanac'h, merveilleuse chapelle et désormais amer pour tous les marins. Chaque 15 août, un pardon rassemble des foules de pèlerins et touristes unis dans une même quête de spiritualité et de fraternité.

En septembre 1896, en pleine nuit, par une mer déchaînée, le trois-mâts *Maurice* chavire à l'entrée de l'anse de Ploumanac'h, au pied de l'îlot de Costaérès. Bravant la tempête, un sauvetage est organisé pour secourir l'équipage et son capitaine en grand péril. Hommes de courage, le quartier-maître, le pilote et le matelot répondant tous trois au

nom de Le Goff épaulés par le pêcheur Ropars bravent les flots en furie sur le canot *Raymond*. L'équipage est sauvé *in extremis*.

L'épave échouée sera rachetée par le nouveau propriétaire de l'îlot de Costaérès. Bruno Abdank-Abakanowicz, ingénieur et hommes d'affaires, grand mathématicien est en train d'achever la construction de son manoir de style néo-gothique, qui fera face quelques années plus tard, à la villa Ker Avel, érigée de l'autre côté du chenal, par un certain Gustave Eiffel. Les bois de mature du trois-mâts *Maurice* serviront à réaliser les lambris à panneaux du château.

Il est impossible de ne pas succomber au charme de ce petit manoir rehaussé de tourelles et de mâchicoulis d'opérette. Les enfants ne s'y trompent pas et l'appellent le château des merveilles. Walter Scott aurait pu y écrire son *Ivanhoé*. Mais c'est un autre écrivain, le polonais Henryk Sienkiewicz, hôte régulier de Costaérès qui y peaufina son best-seller, *Quo vadis*, roman qui lui valut le prix Nobel de littérature en 1905. Poursuivant l'œuvre de son père, sa fille Zofia Abakanowicz ajoute de nouvelles ailes au manoir. Lieu de villégiature, le manoir accueille les grands noms du monde artistique de l'époque. Les écrivains Colette, Pierre Benoit, André Gide, et les célébrités Yvonne Printemps, Pierre Fresnay… viennent s'y ressourcer.

Site enchanteur, Costaérès n'aurait jamais dû connaître d'autres destins que le bonheur. La Seconde Guerre mondiale y sème comme ailleurs ses crimes. Le manoir est dévasté par l'occupant nazi. Sa propriétaire, d'origine juive polonaise est déportée et meurt à Auschwitz. Alors qu'approche la Libération, la BBC délivre, le 3 août 1944 à 18 heures, le message d'insurrection générale à l'intention de la Résistance : « Le chapeau de Napoléon est-il toujours à Perros-Guirec ? » faisant allusion au rocher en forme de couvre-chef de l'empereur, surplombant la plage de Saint-Guirec.

Le vieux phare du Mean Ruz est dynamité le 4 août 1944 par les soldats allemands, en même temps que celui de l'île aux Moines. Il faudra attendre 1948 pour que le bâtiment renaisse de ses cendres.

Entièrement reconstruite en granit rose de La Clarté, haute de 15 mètres avec une portée de 12 milles (20 km), la sentinelle de pierre semble surgir du monumental chaos de roches.

Célèbre aujourd'hui dans le monde entier, magnifié par les mille nuances de rose que lui confère la pierre, assailli par la houle qui vient se fracasser à ses pieds, le phare du Mean Ruz symbolise à lui seul la magnificence de ce site unique de Ploumanac'h.

Au Long des sentiers douaniers

L'expérience incomparable

Comment se réapproprier la réalité d'un paysage, sa matérialité, son essence, sa vérité ?

Les sentiers douaniers offrent aux promeneurs l'expérience incomparable de fouler les traces les plus anciennes de notre humanité, d'en suivre les usages au travers des siècles, au milieu d'une nature qui ne peut se vivre vue du ciel, mais bien depuis la terre, à hauteur d'homme.

Ces foulées et ces pas des temps reculés se devinent dans chaque sentier tracé le long de la côte, à flanc de falaise, serpentant la lande ou s'évanouissant dans les sables d'une crique.

Les promeneurs d'aujourd'hui comme ceux d'hier, empruntent à leur tour les mêmes parcours que les douaniers d'autrefois, contrebandiers ou guetteurs face à l'ennemi ou l'ami venu de la mer. Les nouveaux pas s'ajoutent à ceux

des ancêtres, paysans, pêcheurs, marins pour former l'empreinte, la preuve d'une continuité, que rien ne peut dévier.

Ces signes sont à peine visibles, à fleur de sol. Bornes à moitié enfouies, guérites de douaniers ou poudrières dissimulées entre deux rochers, débarcadères sauvages creusés dans la roche à l'abri des regards, calvaires ou fontaines offerts aux dévotions des villageois... Tous ces vestiges témoignent du vivant, celui qui s'est frayé un chemin dans une nature immense et sauvage, que le natif s'est efforcé de domestiquer au fil des siècles.

À cette échelle, tous les sens sont en alerte, capables d'éprouver les sensations multiples partagées depuis toujours. La vue d'abord qui repère les reliefs, les sinuosités des formes et se perd dans la contemplation des couleurs éclatantes des bruyères et des genêts au premier plan d'un horizon lointain, évanescent ; l'ouïe qui perçoit le moindre son, depuis le sifflement de l'oiseau chanteur, l'estocade du ressac de la mer contre la falaise, le bruissement des herbes. L'odorat se nourrit des mille parfums de la lande, des effluves âcres de l'humus, des senteurs légères que distille la rosée. L'air a le plus souvent le goût salé et iodé des embruns venus du large. Et si l'on caresse la roche, c'est le toucher qui s'éveille.

Les sentiers sont toutes ces richesses à la fois. L'impression profonde de se sentir vivant, herbe parmi les herbes, galet roulant dans les vagues, mouette volant dans le ciel tumultueux.

Le promeneur est ici privilégié. Il peut parcourir des dizaines de kilomètres loin des routes, avec le sentiment de posséder pour lui seul les étendues infinies de terre, de ciel et d'océans qui se déploient sous ses yeux. Les sentiers douaniers ont ceci d'exceptionnel en Bretagne de permettre à l'amoureux de la nature de pouvoir marcher des heures durant sans quitter le fil d'une histoire qui le précède, à l'abri du monde moderne et de ses nuisances. Nul risque de croiser un véhicule motorisé. Ici tout est fait pour retrouver un espace vierge, inspirer à pleins poumons un air pur, vif et ressourçant, venu d'un outre-mer désiré. Ainsi va le mythique chemin de grande randonnée, le GR 34, à travers les sentiers douaniers de la Côte de Granit rose.

L'île Renote, le bestiaire pétrifié, l'art brut à ciel ouvert

L'île Renote est un enchantement. Aujourd'hui presqu'île reliée à la pointe de Beg ar Vir en Trégastel, autrefois accessible uniquement à marée basse, elle déploie ses paysages à couper le souffle sur 360 degrés. Il suffit d'emprunter ses chemins à fleur de rivage pour découvrir, entre chacune des anses qui enserrent cette extrémité de terre, un monde géologique aux formes stupéfiantes, véritable musée d'art brut à ciel ouvert.

Ici l'imaginaire supplante toute explication rationnelle. Certes, on a beau savoir que des hommes vivaient là il y a des milliers d'années

– des abris troglodytiques néolithiques et une allée couverte en témoignent –, on préfère laisser l'imaginaire s'emparer de son esprit et des lieux. Chacun est libre ainsi de raconter son propre récit, nourri des sensations étranges que procure la vision des chaos de granit, transformés au fil des siècles par la nature en de spectaculaires monstres d'un bestiaire pétrifié ou d'iconiques œuvres d'art.

La plupart de ces rochers, parmi les plus populaires, ont été désignés par des noms tant leurs caractéristiques sont évidentes pour le plus grand nombre. À l'est de la plage du Coz Pors, au début du sentier littoral et de la crique de Toul Trez, se dresse le Dé, cube aux faces parfaitement dessinées. Juché au sommet d'un amas de roches, il trône impassible face au large, avec en arrière-plan l'archipel des Sept-Îles. Son équilibre semble précaire.

Il ne faut pas s'y fier. C'est un solide. La mémoire locale n'a pas oublié l'acharnement avec lequel une poignée de soldats allemands éméchés avait bien tenté de le canonner, heureusement sans succès ! À croire que les bons génies, korrigans et autres fées qui peuplent ce territoire, ont fait ce qu'il fallait pour protéger leur dé. N'est-il pas depuis l'Antiquité le jeu symbolique par excellence du hasard et de la chance !

À quelques pas, un autre rocher offre l'illusion d'une pile de crêpes attendant les gourmands pour un goûter préparé pour des géants. Si l'on poursuit en direction de l'îlot de Costaérès, la Palette du peintre interpelle tant

ses formes sont parfaites. Et pourtant, l'on est en présence d'une simple vasque trouée par les effets de l'érosion au sein de « diaclases subhorizontales », comme le précisent les spécialistes. Les plus jeunes promeneurs ne s'embarrassent pas d'explications. Ils préfèrent l'escalade tout en cherchant à débusquer un possible artiste avec ses pinceaux, lové, rêvant dans les plis accueillants d'un rocher.

Les cachettes ne manquent pas, creusées à même le granit. Mais le plus souvent, on retrouve les jeunes explorateurs à califourchon sur une pierre à la forme biscornue, promontoire insolite offrant une vue imprenable sur la côte. Combien de promeneurs ont ainsi été photographiés, juchés sur la Pince du crabe, ou la Couronne du roi Gradlon, formidable encorbellement culminant sur les hauteurs de la Grève Blanche à Trégastel.

La Bouteille renversée, le Nez de la sorcière, la Murène géante à quelques encablures, phoques de pierre côtoyant d'énormes baleines de granit échouées sur la rive... le moindre rocher est inspirant. S'ils cherchent bien, les érudits pourront imaginer reconnaître sur le parcours de l'île Renote certains chefs-d'œuvre de la sculpture. *Le Baiser* ou *La Muse endormie* de Constantin Brancusi, les formes amples et voluptueuses d'un bronze de Fernando Botero, les pièces biomorphiques et organiques de Jean Arp se devinent au détour d'une sente.

Il suffit de se pencher et d'exercer son regard, d'attendre le rayon de soleil ou le voile de l'ombre sur la pierre pour qu'apparaissent les traits creusés d'un profil, le sourire énigmatique d'un personnage, la silhouette altière d'un Moaï ou d'un Sphinx, le regard tendu vers le large.

Au large, l'archipel des Sept-Îles

L'archipel des Sept-Îles ne compte en réalité que cinq îles, l'île aux Moines, l'île Bono, l'île Malban, l'île Plate et l'île Rouzic, auxquelles viennent s'ajouter les Costans et le Cerf, deux ensembles d'amas rocheux.

Il est probable que depuis la nuit des temps, ces îles ont abrité des générations d'oiseaux marins en quête de sites vierges et paisibles pour assurer, chaque printemps, leur reproduction. Cet archipel, à quelques encablures des rivages de Trestraou et de Ploumanac'h, offre de manière naturelle un refuge idéal pour les colonies de fous de Bassan, les fragiles macareux moine à bec orange, les fulmars boréaux, guillemots, pingouins tordas, cormorans huppés et autres magnifiques espèces.

Sans doute, en fut-il ainsi pendant des siècles avant que l'homme, jamais à court de mauvaises idées, ne décide d'organiser des chasses aux calculots que l'on nomme alors les perroquets de mer.

Nous sommes en 1900. La renommée de la station « climatique » de Perros-Guirec ne cesse de croître. Le Syndicat des plages publie ses réclames et cartes postales, largement diffusées par la Compagnie des chemins de fer de l'Ouest. On y propose, parmi les distractions de l'été, la chasse aux oiseaux de mer. Les calculots viennent nicher dans les terriers des lapins qui pullulent sur les îles. Les chasseurs en grande tenue, plume au chapeau, ou touristes en quête de sensations fortes, débarquent par centaines et s'en donnent à cœur joie. C'est un véritable massacre des oiseaux. De 15 000 couples, il ne reste plus que 400 individus !

Devant ce carnage aussi cruel qu'inutile, des hommes et des femmes vont une fois de plus réagir. La Ligue protectrice des oiseaux (LPO), émanation de la Société nationale d'acclimatation de France (future Société nationale de protection de la nature) est créée. Le préfet des Côtes-du-Nord, par arrêté d'août 1912, classe les Sept-Îles en réserve. La chasse y est définitivement interdite. C'est une grande première au niveau national.

Avec la création de la première réserve ornithologique d'oiseaux de mer en France, les combats pour la préservation du site ne font que commencer. Décennie après décennie, les mesures sont renforcées pour offrir aux milliers d'oiseaux marins un espace protégé de nidification. Définitivement classée en 1976, la zone de réserve naturelle a vu en 2023 sa surface passer de 320 hectares à près de 20 000 hectares, comprenant dorénavant, outre les Sept-Iles, l'île Tomé.

Le débarquement y est dorénavant proscrit à l'exception de l'île aux Moines.

L'approche du site, très réglementée, peut cependant continuer de se faire à bord des vedettes agréées ou par navigation douce et silencieuse que proposent voilier, canoë-kayak et autre paddle.

Le spectacle en vaut la peine, même à distance. Il n'est pas rare de croiser, perché sur un bout de rocher, le corps d'un bon gros phoque gris dans la pose alanguie d'une odalisque, les pattes palmées séchant au soleil. Des bancs de dauphins, de petits requins se faufilent fréquemment entre les embarcations, provoquant joie ou crainte des plaisanciers.

Les Sept-Îles recèlent aussi bien d'autres histoires. Aux origines les plus lointaines, on trouve les traces d'occupation humaine sur plusieurs d'entre elles. D'anciens vestiges, dépôt de haches, traces d'allée couverte et de bouilleurs de sels ont été exhumés lors de fouilles archéologiques successives effectuées sur l'île Tomé, l'île Bono ou l'île aux Moines. Ils attestent de la présence de communautés depuis le Néolithique, au temps des Celtes, puis des romains. En 1983, deux plongeurs découvrent, gisant au pied des Sept-Îles par dix mètres de fond, 271 lingots de plomb représentant 22 tonnes de minerais. Le naufrage remonte à la seconde moitié du IVe siècle après Jésus-Christ. Il s'agit d'une découverte extraordinaire, unique en Europe, qui va permettre de retracer les routes commerciales entre la Grande-Bretagne et l'Armorique.

Par sa position avancée vers le large et la ligne de protection qu'il constitue, l'archipel des Sept-Îles a toujours fait l'objet de convoitise. L'île aux Moines « Jantilez » en breton, est la plus facile d'accès et bénéficie d'un point d'eau de source. Des moines d'abord s'y installent, d'où son nom. Mais rapidement, l'endroit apparaît plus austère que prévu. Regagner le continent au milieu des écueils et par forte houle est dangereux. Les moines vont lui préférer l'îlot

Saint-Gildas, véritable paradis posé sur l'eau dans la baie de Port-Blanc.

Pendant deux siècles, l'île restera désertée. Mais les guerres de courses et les batailles navales du Grand Siècle qui opposent le royaume de France à ses ennemis jurés, les Anglais, vont en décider autrement. Depuis toujours, les marins de Jersey et Guernesey, sujets britanniques mais parlant français, ont mauvaise réputation. Ces pirates sillonnent les mers à la recherche de prises. L'embuscade à couvert, dans des îles dont ils ont une parfaite connaissance, est l'une

de leurs techniques particulièrement efficaces. Bien protégés par les rochers des Sept-Îles, les brigands ne sortent qu'à coup sûr, lorsqu'ils voient qu'on ne peut leur résister. De nombreux navires de commerce français sont capturés. Leurs riches cargaisons sont subtilisées. Les pertes sont importantes pour les armateurs. Les beaux messieurs de Morlaix, Lannion, Saint-Malo, armateurs au faîte de leur puissance, veulent une riposte. Ils savent à quoi s'en tenir : *« les Sept-Isles aussi fameuses que redoutables à cause des corsaires de Gerzey et Grenezay qui y estoient quelque fois des 8 à 10 ensemble firent quantité de prises lesquelles causèrent 13 à 14 cents milles livres à la Province de Perte en 1710 montant à Trois millions à la fin de 1774. »*

L'ingénieur Siméon Garengeau, ingénieur en chef des fortifications de Saint-Malo, responsable de la côte, du Couesnon au château du Taureau en baie de Morlaix, est un élève et un ami du célèbre Vauban. Il sait ce qu'il faut faire sur l'île : une tour élevée avec une vue sur tout l'horizon protégeant deux batteries de canons, l'une à l'est, l'autre à l'ouest. Mais, l'époque est à la guerre et les caisses de l'État sont vides. Le projet est suspendu. Garengeau aura le temps d'en dessiner le plan détaillé avant de mourir. C'est finalement son adjoint, Jean-Baptiste Parrocel qui reprend le chantier en y apposant sa vision personnelle. La fortification n'a plus rien à voir avec le tracé initial. Une redoute impressionnante est construite. Le duc d'Aiguillon, commandant en chef de Bretagne soulignera cependant sa valeur militaire défensive toute relative : « Ne voyant rien à l'est, ne pouvant pas porter la moindre artillerie, la tour placée à mi-côté de l'extrémité occidentale, ne peut être d'aucune utilité pour la défense du poste. » Elle aura néanmoins le mérite de bouter les contrebandiers et flibustiers ennemis hors de l'île et de mettre fin aux trafics et rapines.

La forteresse en tant qu'ouvrage de défense ne sera quant à elle jamais attaquée !

Par la suite, des garnisons désœuvrées se succéderont, rythmant leurs passages de tirs de canons sur l'îlot des Cerfs. La caserne dont il ne reste que de vagues ruines servira plus tard de ferme.

Depuis les hauteurs de l'île, le spectacle est éblouissant. Au milieu des cris assourdissants des goélands, les fous de Bassan piquent dans la mer à près de vingt mètres de profondeur pour aller chercher leur nourriture. Sur l'île Rouzic aux faux airs de mont Fuji lorsque son sommet est couvert de guano, les oiseaux se relaient dans un balai incessant pour nourrir les poussins, nichés à l'à-pic de la falaise, attendant le moment de se lancer dans le grand vide. Tout cela est donné à découvrir lors des excursions proposées.

La beauté des Sept-Îles vues de la mer, la beauté de la côte vue depuis les îles procurent des sensations à couper le souffle.

Le gouffre de Plougrescant

L'exploration des Sept-Îles est une invitation à poursuivre le voyage par la mer, au fil d'une côte qui déploie ses granits à perte de vue. On devine dans l'horizon, après les rivages de Louannec, de Trélévern, de Trestel, le village de Port-Blanc et ses criques fortifiées.

Le rocher de la Sentinelle, ancienne poudrière surmontée d'un oratoire et de sa croix, le rocher du Voleur et ses fortins défensifs racontent la traversée d'un temps où la côte devait se protéger des incursions ennemies.

Au soleil levant, au-delà de la pointe de l'Arcouest, surgit l'île de Bréhat avec dans son sillage l'île Maudez et ses 86 îlots. Cette ceinture de pierre marque un nouvel affleurement de granit rose et la frontière avec le pays Goëlo.

Plus sûrement qu'une forteresse, ses écueils rocheux parmi les plus dangereux de Bretagne lui confèrent une protection sans égale.

Presqu'île la plus septentrionale de la Bretagne, Plougrescant déroule ses paysages lunaires entre la pointe du Château et le gouffre de Castel Meur. Ses plages se découvrent presque par hasard au détour d'une route sans nom qui ne mène nulle part. Les bruyères aux teintes roses et mauves bruissent au vent. Elles rivalisent d'éclat avec les ajoncs et genêts d'or.

Pors Hir, Gouermel, Pors Scaff surgissent, nichées au fond de criques auxquelles on ne s'attend pas. Invisibles à marée haute, semblables à des mers intérieures, ces havres secrets livrent à marée basse de véritables tableaux baignés de lumière. Les embruns toujours présents, soulevés par les vents de mer nimbent les sillons de galets d'un voile argenté. On cligne des yeux pour deviner ce que cache le point lumineux irradiant le rocher. C'est un feu follet menant une danse endiablée. À moins qu'il ne s'agisse selon la légende locale de la fée des mers ; la proximité du gouffre du Diable explique bien des sortilèges.

Entre Plougrescant et Port-Blanc, depuis l'anse de Pellinec, les îles de Buguélès rattachées à la commune de Penvenan offrent leurs paysages sauvages de roches déchiquetées.

Derrière cette côte somptueuse qui tente de capter tous les regards, l'arrière-pays, pudique, propose au gré de ses chemins creux, sous le couvert d'épaisses chênaies millénaires, de mystérieux mégalithes et calvaires, et ses chapelles Beaumanoir à l'architecture étonnante de créativité et de poésie.

L'œuvre titanesque des tailleurs de pierre

Dans l'enfer des éléments, le courage des hommes

L'homme est un malin qui se sert depuis la nuit des temps de ce que la nature place sous sa main. Végétal, animal, minéral, il fait feu de tout bois, de toute chair et de toute pierre pour, chemin faisant, se forger un destin, construire un abri, un temple, une route, une forteresse. De la simple pierre gravée datée de l'âge du bronze à l'extraction intensive des granits, du XIXe siècle à la fin du XXe siècle, ce coin de Bretagne recèle d'innombrables sites emblématiques de l'œuvre titanesque des carriers et tailleurs de pierre.

En limite nord de la baie de Lannion, l'île Grande en Pleumeur-Bodou commande, tel un vaisseau amiral, une véritable flottille d'îlots formant un ensemble de carrières monumentales à ciel ouvert. Pas moins d'une vingtaine de petites îles s'avancent dans la mer. Agathon, Losquet, Renard, Bollenec, Fougère, Molène, l'île aux Herbes, l'île du Corbeau, Morvil, l'île Plate, Billot-Bellec, Enez Bihan, Jaouen, Tanguy, Kerellec, Illeonic, Enez Ilio, la mythique île d'Aval... Certaines semblent posées sur l'eau et affleurent à peine l'estran. Des langues de sable permettent de les atteindre à marée basse, tandis qu'elles disparaissent partiellement pour d'autres, à marée haute.

Longtemps, les récifs dangereux qui ceinturent les abords, comme les courants violents de renverse, les rares abris face aux vents dominants les ont protégées de la convoitise des hommes. Jusqu'à ce que la prodigieuse richesse des granits locaux par leurs qualités ne réponde aux besoins grandissants d'un monde en transformation, celui de la France, de ses villes, de leurs infrastructures, ponts, ports, phares, viaducs et autres ouvrages d'art. Tous les sites ont, dès lors, été exploités. Pas une roche n'échappera à la taille. L'industrie granitière est en marche.

Pour faciliter les communications, un pont est construit en 1895, enjambant l'estran permettant de relier l'île Grande (Enez Veur en breton) au continent. L'île jusqu'alors isolée à marée haute, voit les chantiers se multiplier, les travailleurs affluer et sa population doubler. Le village accueille désormais des tailleurs de pierre venus d'ailleurs. Normands du Cotentin et des îles Chausey, Italiens du sud, Portugais, attirés par les besoins en main-d'œuvre, s'installent dans le village mêlant leurs langues, leurs expériences et leurs sueurs à celles des natifs.

Les habitants se nomment Yves, Louis, Hyacinthe, Armand, Angelo… Ils vivent dans des chaumières modestes groupées autour de l'église Saint-Marc ou enfouies dans la lande, dos au nord et à ses vents glacés, au plus près des chantiers. Une communauté de huit cents âmes œuvre à tous les métiers nécessaires à l'exploitation. Il y a bien sûr les entrepreneurs qui commandent et paient les ouvriers à la tâche, au mieux et plus rarement, à l'heure. Ils ont obtenu des autorisations d'exploitation et produisent à la tonne, les millions de blocs qui viendront fournir les villes en pavés, pierres de taille, stèles, boutisses. Ce sont jusqu'à 800 tonnes qui sont extraites chaque jour des carrières. Avec les grands travaux Haussmanniens à Paris, l'arrivée du chemin de fer, l'industrialisation et l'urbanisation partout en France, le XIXe siècle est une époque vorace en granit breton.

Les métiers se spécialisent. Les carriers les plus expérimentés sont chargés de repérer les bons filons. Ils savent d'un regard identifier la roche à excaver : longueur du bloc, qualité de la veine, dureté de la roche. Ces hommes-là valent de l'or. Grâce à leur instinct, le filon de granit va pouvoir être exploité jusqu'à la sève. Peu de déchets, des tailles franches et rentables.

Le plus grand nombre d'ouvriers est affecté quant à lui, à l'extraction, à la taille et au polissage. Au plus fort de la production, ils seront jusqu'à cent cinquante sur les chantiers. Le travail est pénible. Il se fait à mains nues avec un outillage rudimentaire hérité des siècles passés. Les pieds chaussés de sabots renforcés d'une semelle en tôle, les hommes sont juchés dans un équilibre précaire sur des rochers glissants. L'humidité est quasi permanente. L'air salin mêlé aux embruns brûle la peau, les yeux et tanne les visages. Dans un corps à corps acharné, l'ouvrier bataille contre les éléments, massette au poing pour tailler les blocs que les piqueurs pourront débiter. Ceux-là commencent par percer le trou au moyen d'un poinçon. Puis un raffineur élargit la base sur une profondeur de 10 à 20 centimètres permettant l'écartement de la pierre à grand renfort de coups de masse sur des coins alors en bois.

Des journées entières sont nécessaires à plusieurs pour réaliser cette étape exténuante et à risques. La manœuvre requiert au moins trois personnes. Un homme maintient la barre que deux autres frappent à tour de rôle pour enfoncer le coin et fendre le bloc selon le tracé dessiné avec précision par la série de trous, espacés de dix centimètres sur la longueur voulue.

La technique remonte à la nuit des temps. Il faudra attendre encore quelque temps pour qu'elle se modernise avec la chante-perce…

Le règne de la chante-perce

Les carrières et les petites exploitations artisanales, qui se sont étendues au fil du temps sur presque tous les îlots, imposent des techniques d'extraction différentes selon leur localisation et leur configuration : creusées en profondeur jusqu'à trente-cinq mètres, protégées de la mer par des murs élevés contre vents et marées, comme à Castel Erek sur l'île Grande ; à flanc de falaises, par excavation ou front de taille. Des blocs colossaux sont ainsi dégagés par la base le long d'une fissure horizontale. Des gradins sont creusés. Ces larges assises facilitent l'abattage et l'évacuation des énormes pans de granit, tout en consolidant le chantier. Lorsque le filon est épuisé sur sa hauteur, il est prolongé dans sa longueur, formant des platiers qui plongent dans la mer.

L'outillage se modernise dans les années 1900. Une nouvelle technique, la chante-perce remplace le traditionnel et laborieux procédé de percement des trous et d'éclatement de la roche à l'aide des pieux en bois gonflés par la marée. Dorénavant, par un mouvement de va-et-vient, elle permet d'exploiter des granits plus durs et de percer plus rapidement les trous. Le travail s'en trouve un peu facilité pour les ouvriers fendeurs. Bientôt, l'extraction se fera à la barre à mine et à l'explosif.

La chante-perce porte un joli nom. Elle accompagne de sa sonorité si particulière les bruits assourdissants de la carrière qu'amplifient les grondements de la houle, le fracas du ressac contre les rochers, la plainte lancinante des vents tourbillonnant dans les machines, ceux en provenance de la forge. Surtout, en fusionnant ses aigus métalliques avec les voix et les chants des travailleurs aux accents multiples, elle invente une langue farouche, inclassable, propre à l'île dont seule l'imagination peut tenter de restituer le souvenir.

Des hangars dont on peut aujourd'hui encore voir les ruines aux abords des carrières, accueillent les forges présentes sur chaque chantier. On y répare et fabrique les outils, piche, burin, boucharde, massette... à l'usure si rapide que les carriers doivent régulièrement les renouveler.

Les chantiers sont maintenant équipés de chèvres actionnées par des treuils mécaniques. Ces dispositifs en bois, destinés à soulever les blocs de pierre des fronts de taille, seront progressivement remplacés par des grues à vapeur sur rails. Des voies ferrées et une locomotive facilitent l'acheminement des pierres par wagonnets. Les chargements par mer se font principalement à la cale Saint-Sauveur située à l'ouest de l'île et à partir de différents embarcadères.

Partout sur les îles, les hommes s'activent, depuis l'aurore jusqu'au soir. Il faut se hâter entre deux marées car la mer n'attend pas. Les pêcheurs ont troqué leurs filets pour, eux aussi, se lancer dans l'aventure du granit. Ils ont aménagé leurs barques en barges de transport. Dans les criques les plus abritées patientent leurs gabares, échouées sur les bancs de sable ou le long des quais construits pour l'accostage des goélettes. Sloops et dundees pourront relier le port de Lannion. Le granit fraîchement taillé vient remplacer le lest. Le chargement se fait avec méthode, à la chaîne, de la main à la main. Tous les hommes disponibles sont réquisitionnés. La manœuvre est délicate. Il faut guetter l'humeur de la marée pour voir si la gabarre peut prendre la mer. Il n'est pas rare de voir l'embarcation chavirer et perdre son précieux chargement. Les naufrages du sloop *La Providence*, des navires *La Mathilde*, *Le Mac-Mahon*, *La Louise-Anne* emportent leurs malheureux équipages. Chahutées par les courants, drossées par de violentes tempêtes, les goélettes ont talonné la roche et sombré, corps et biens, au large des îles.

Ces drames s'ajoutent à ceux vécus à terre par les carriers. On meurt jeune ici. Les accidents, les poussières de roches inhalées, l'air salin et l'humidité font le reste. La silicose touche un grand nombre d'ouvriers. Les femmes sont là aussi, avec leur part de courage. Précieuses auxiliaires, elles affrontent l'austérité des lieux et des conditions de vie particulièrement difficiles sur l'île avec une volonté et une force à toute épreuve.

Cette histoire rude, celle de ses ancêtres, Yann Paranthoën, l'ingénieur son à France Culture l'a racontée dans un poignant documentaire : « Le temps des Seigneurs ».

Il a su mieux que quiconque rendre la mémoire de ces hommes de courage. Il en a restitué dans son émission radiophonique l'univers profondément humain et solidaire, l'œuvre titanesque. Il faut écouter et réécouter ces témoignages. Ils donnent à entendre, au-delà du vacarme assourdissant de la taille et du polissage, la parole juste et mesurée de ces hommes dignes qui ont consacré leur vie et leur santé au granit.

Ici, pas de nostalgie inutile, mais la certitude discrète d'appartenir à la race des bâtisseurs pour les siècles, une fierté faite de pudeur, d'humilité et de fraternité que l'on ressent toujours au contact des habitants de l'île Grande.

Sous les pavés, la plage

Sur l'estran, gisent aujourd'hui, parmi les déchets de pierre, les galets roulés par les flots, plus polis que des marbres, semblables à des œufs de dinosaures, égarés depuis des millions d'années. Ils témoignent de la fin d'une époque, d'un retour à l'état d'origine, celui des éléments.

La deuxième moitié du XXe siècle va en effet sonner le glas des carrières. Les pavés, après les événements de Mai 1968 ne sont plus à la mode. On leur préfère un bitume sécurisant. Le béton aussi se fait omniprésent et modifie durablement les besoins. Le granit parvient à conserver quelques marchés, celui

de monuments publics de prestige, des maisons, pierres tombales et autres éléments de mobiliers urbains. D'un matériau essentiel qui a permis la construction des principales infrastructures des XIXe et XXe siècles, il devient secondaire, pierre d'embellissement et de parement. Une forme de vestige dont on orne les façades, en signe d'appartenance à un territoire et en mémoire d'un granit d'exception. C'est aussi, face aux changements climatiques, une pierre-muraille faite d'énormes blocs massifs servant d'enrochements pour tenter de contenir les assauts de la mer et protéger l'érosion du trait de côte.

1989, la dernière carrière de l'île Grande ferme ses portes. C'est la fin d'une époque. Celle dont l'exploitation aura transformé en profondeur la physionomie des îles, arasant pour toujours ses reliefs naturels, offrant en contrepartie un nouveau paysage d'une étonnante singularité, objet de toutes les curiosités.

À l'arrêt, la plupart des carrières de l'île Grande et de ses îlots ont été envahis par la mer et les eaux de pluie. Très rapidement, elles ont disparu sous la végétation ou ont formé de petits lacs cernés de falaises écorchées, balafrées d'entailles profondes, au pied desquelles se sont amoncelés déblais et rebuts de pierre.

Certains emplacements ont pu renaître pour de nouvelles vocations. L'ancien bâtiment carrier de Castel Erek, héberge la première et emblématique station ornithologique de la LPO, Ligue pour la protection des oiseaux marins, ainsi que le Centre de sauvegarde de la faune sauvage. Les bruits entêtants de la taille ont laissé place aux cris puissants des mouettes, des goélands, fous de Bassan et charmants macareux.

Le règne animal et végétal a repris ses droits. Tout est cependant là pour qui sait regarder. Partout domine encore et toujours le monde minéral, celui des origines. Les carriers ont signé leur passage, essaimé leurs empreintes à la fois cicatrices et écriture d'un récit ineffaçable. Une odyssée que le temps et la force marine transforment déjà en étonnantes œuvres d'art.

Ainsi en est-il des roches scarifiées qui, abandonnées à l'érosion naturelle, jonchent les rivages. Les trous réguliers des piqueurs de pierre ont sculpté d'innombrables colonnes vertébrales qui semblent serpenter sur la peau de granit de monstres marins figés pour l'éternité.

Mégalithes et Lieux sacrés

Dans le silence des menhirs

Les mégalithes sont encore une histoire des origines, celle d'une civilisation vieille de plus de 5 000 ans, dans une Bretagne communément admise comme le berceau du mégalithisme en Europe.

Par milliers, dolmens, menhirs, cromlechs, cairns essaiment leur mystère sur le territoire armoricain. Des plus connus sur le site de Carnac aux plus modestes dispersés à travers champs et landes, ils ne cessent de nous questionner sur le sens de ces constructions spectaculaires.

Tout impressionne dans ces monuments érigés sans ciment ni mortier, pesant jusqu'à plusieurs tonnes. Tant d'hypothèses ont été avancées depuis des siècles par des générations d'archéologues en quête de réponses

scientifiques. Ces traces laissées par les hommes du Néolithique sont comme les cailloux du Petit Poucet. Des indices pour nous suggérer un récit écrit dans un langage de pierre. Ces pierres levées signifient-elles : là débute notre clan, là sont enterrés nos morts, ici nous nous rassemblons pour honorer nos dieux, nos chefs de guerre, célébrer la lune et le soleil, interroger la voûte céleste et ses astres ?

On ne s'étonnera pas de voir les contes trégorrois prendre le pas et nous donner leurs versions des faits. Fantômes, fées et korrigans nous instruisent de leurs vérités, à l'origine de légendes locales aussi improbables que pittoresques. Il faut ainsi se garder d'approcher des pierres sacrées lors des nuits de pleine lune. L'étourdi ou l'ignorant sait-il qu'il prend le risque de disparaître, enlevé dans un tourbillon endiablé par quelque *kornadounezed*, ces petits êtres doués de malice et de magie…

Au cœur du pays de granit rose, dans l'arrière-pays comme sur ses côtes, de superbes mégalithes nous surprennent, dissimulées au fond d'un champ, émergeant au détour d'un sentier.

Les allées couvertes comme celle de Men ar Rompet sur la presqu'île de Lézardrieux, celle du Brohet au cœur de la forêt du Beffou nous séduisent par leur mystère. Ailleurs, sur les rivages, tels des autels votifs, menhirs et dolmens, pieds dans l'eau ou enfouis dans les hautes herbes dressent leur silhouette massive

face au large. À Trébeurden, entre les traces des anciennes pêcheries de pierre datant de l'âge du bronze, visible à marée basse sur l'estran, le menhir du Toëno semble dialoguer avec la monumentale allée couverte de l'île Millau.

À Trégastel, le dolmen de Kerguntuil étonne autant par ses dimensions que par ses usages au fil du temps. Ses bâtisseurs auraient sans doute été choqués de savoir que le lieu servit d'habitation sommaire après quelques travaux de maçonnerie, avant de devenir une étable pour de paisibles Pie Noir – petite vache d'origine bretonne, vigoureuse et bonne laitière qui peuplait chaque ferme autrefois. Là, de nouveau, les légendes locales se chargent d'apporter leur grain de sel. Une fileuse de laine aurait vécu sous le toit de granit, accomplissant des ouvrages géants à coup de prodigieux lancers de fuseaux.

L'allée couverte a conservé, quant à elle, toute sa majesté. Elle figure parmi les plus riches de cette période du Néolithique. Longue de 8,50 mètres, elle est constituée de six orthostates côté nord, de sept côté sud. Quatre tables

de granit recouvrent l'ensemble. Mais le plus émouvant se situe à l'intérieur de la structure. En baissant la tête, sur la gauche, il est possible d'apercevoir, sur le quatrième pilier de la chambre funéraire, une rangée de six paires de seins en relief, portant chacun un collier dont les perles apparaissent piquetées dans la roche. Un peu plus loin, dans la pénombre, au milieu des fougères, se dévoilent d'autres petites formes rondes, évoquant de probables divinités de la fécondité.

Ces symboles se retrouvent plus ou moins lisibles dans d'autres allées couvertes, à Crec'h Quillié en Saint-Quay-Perros, à Prat ar Min Hir ou à Ty-lia à l'île Grande, à Prajou-Menhir en Trébeurden.

Parmi les curiosités incontournables de la Côte de Granit rose, le menhir de Saint-Uzec, situé sur la commune de Pleumeur-Bodou, est sans aucun doute le plus emblématique de ce que la Bretagne a pu produire de complexe au long de son histoire religieuse. Le mégalithe de 80 tonnes, haut de 7,40 mètres, large de 2,60 mètres, fut christianisé au XVIIe siècle. L'époque est à la conversion vigoureuse des populations paysannes, qui confondent encore trop souvent culte des pierres païennes et culte catholique.

Le père Maunoir, prêtre jésuite et prédicateur zélé, que l'on surnommera plus tard l'Apôtre de la Bretagne conçoit des missions « imagées » dans les campagnes. Ses cantiques en langue bretonne, tout comme ses tableaux de mission, les taolennou, retraçant la vie de Jésus seront très populaires. En 1674, il ordonne la christianisation du menhir qu'il fait sculpter, peindre (un christ polychrome aujourd'hui disparu) et surmonter d'une croix. Une vingtaine de sculptures représentant les scènes et les instruments de la Passion du Christ, compose un ensemble saisissant.

La beauté du menhir ne s'arrête pas là. En contournant le monument, on découvre sa face arrière, dite face d'affleurement. Neuf rigoles partant du sommet, creusées par l'écoulement des eaux de pluie dessinent une longue chevelure dans la pierre.

Les dolmens verront fréquemment leur destin contrarié ! Bien souvent, lors de l'édification d'un ouvrage religieux, ils deviennent pierre de remploi et de soubassement. Les fondations de la merveilleuse chapelle des Sept-Saints, au Vieux-Marché sont un étonnant exemple des premières évangélisations du monde celtique. Construite au début du XVIIIe siècle, elle repose en fait sur les vestiges d'une crypte bâtie dès l'origine à partir d'un dolmen à couloir, autrement dit d'un ancien tumulus, servant de sol. Ses six pierres réparties en deux tables de granit sont portées par quatre dalles verticales. La vision de ce dolmen gigantesque supportant l'assise de l'église impressionne.

La chapelle du Vieux-Marché est l'unique témoignage en France de chapelle dédiée au culte des Sept-Saints dormants d'Éphèse. Célébré par les chrétiens et par les musulmans, un pèlerinage islamo-chrétien se joint au pardon traditionnel le quatrième dimanche de juillet, dans un esprit d'échange culturel et fraternel, très suivi.

Le Yaudet, fortins gaulois, *oppidum* romain

L'histoire de la Côte de Granit rose s'écrit sur tout son territoire, particulièrement sur les sites de tout temps stratégiques pour sa population.

Il en est ainsi du site naturel du Yaudet. Perché sur un promontoire rocheux dominant l'anse de la Vierge et l'estuaire du Léguer, le village du Yaudet éblouit par la puissance de ses paysages et sa vue panoramique sur la baie. Par beau temps, le site embrasse, à l'ouest, Locquémeau, Trédrez jusqu'à la baie de Saint-Efflam et la Lieue de Grève, Locquirec au loin, à l'est, l'estuaire du Léguer, les rivages découpés de Trébeurden.

Occupé depuis le Néolithique, l'endroit conserve de nombreuses traces de l'âge du bronze et de l'âge du fer. Mais c'est en consolidant sa pointe avancée vers la mer, que les occupants vont conférer au Yaudet le rôle d'*oppidum* qu'il tiendra pendant toute la période gauloise, puis romaine, durant le Moyen Âge et les siècles suivants. Il est difficile d'imaginer que ce lieu, aujourd'hui paisible hameau de quelques maisons regroupées

autour de la chapelle, fut un port de commerce et une place forte d'importance sur les voies commerciales et militaires d'Armorique. Jules César lui-même saluait le génie militaire de ces peuples. En construisant leurs défenses sur ces promontoires, les villages devenaient inaccessibles aux troupes terrestres et, par le fait des marées, inabordables par la mer.

Les fouilles régulières effectuées sur l'ensemble du site ont permis de découvrir de nombreuses traces des occupations successives. Des Celtes et des Gaulois demeurent l'organisation du village et quelques vestiges des remparts d'origine. À leurs pieds, des monnaies de toutes provenances, y compris des pièces carthaginoises, ont été trouvées, témoignant de l'étendue des échanges avec les Osismes et les Coriosolites, et les marchands venus de la lointaine Méditerranée !

On sait aussi que le site fut occupé par des garnisons romaines dont les ouvrages, bornes militaires, fortins et voies pavées, continuent de jalonner le pays. Barrant la baie de la Vierge, en contrebas, un mur de pierre marque l'emplacement d'une pêcherie primitive permettant de piéger les poissons à la marée descendante. Elle n'empêcha pas les incursions vikings et saxonnes à l'origine du déclin progressif du promontoire. Autrefois florissante, la cité du Yaudet sera en partie désertée au XIIe siècle, au profit de la commune de Ploulec'h à laquelle elle sera rattachée, mais surtout de Lannion dont le port va connaître un essor fulgurant dès le Moyen Âge.

Par-delà cette histoire multimillénaire, subsiste un site fascinant qui semble inchangé depuis la nuit des temps, sur lequel veillent de vieilles pierres et l'aura de la Vierge couchée de la chapelle du Yaudet. Allaitant l'Enfant Jésus, reposant sur un lit recouvert de dentelles, elle est la possible réminiscence d'une déesse mère antique dont l'esprit continue de protéger les habitants des lieux.

Ruines du Hogolo et cavalier à l'Anguipède

Les ruines des thermes du Hogolo sont situées sur la corniche de l'Armorique à Plestin-les-Grèves. Elles sont un témoignage passionnant de la présence romaine sur le territoire. Le site est admirable par sa localisation. Bordé de criques de sables blonds, il fait face à la baie de Locquirec, abrité des vents, baigné d'une douce lumière quelle que soit la saison. Un endroit de rêve, pour accomplir le rituel du bain romain que pratiquent au quotidien les riches patriciens possédant villas à proximité.

Le bâtiment thermal est découvert par hasard en 1892 par un paysan de Plestin travaillant dans son champ. Des fouilles sont aussitôt entreprises. Le chantier est prometteur, car le site, enseveli pendant quinze siècles sous une dune éolienne, a été préservé de manière exceptionnelle. Sous une couche de sable de deux mètres d'épaisseur, les archéologues mettent au jour la structure du bâtiment. Les fondations d'origine sont datées du Ier siècle après Jésus-Christ, avant une transformation

en habitation agricole, au IIIe siècle. Une restauration est progressivement entreprise sur la base des plans communs à tous les bains romains et à partir des matériaux trouvés sur place : schiste vert de Locquirec, schiste noir de Saint-Michel-en-Grève, granits locaux, calcaire de Loire. Dès lors, à partir des traces particulièrement bien conservées, les ruines des thermes du Hogolo reprennent vie. L'établissement mesure 25 mètres de long sur 7,50 mètres de large et comporte chacune des salles propres au fonctionnement des bains. Il obéit au principe de l'hypocauste. L'accès se fait par un vestiaire, une salle froide, un pédiluve avant d'arriver à la baignoire froide. Puis, l'on pénètre par un vestibule pour rejoindre les salles chauffées, la salle tiède, la salle chaude et la baignoire chaude. Les pièces techniques, chaufferie, stockage des cendres, réservoir d'eau chaude... sont disposées sur le parcours.

Il est facile d'imaginer l'attraction que ces thermes romains ont pu exercer sur la population locale et le plaisir éprouvé par tout adepte.

Pour le promeneur d'aujourd'hui, parcourir les ruines du Hogolo suffit à nourrir l'imaginaire, avant d'emprunter l'un des sentiers en contrebas qui conduit presque secrètement à la plage des Curés.

Parmi les vestiges gallo-romains, le cavalier à l'Anguipède est une curiosité exposée sous le porche de l'église de Plouaret. Découverte à la fin du XIXe siècle, au pied des ruines de la chapelle Saint-Mathieu, cette sculpture taillée dans un imposant monolithe de granit beige, de provenance locale, est une véritable rareté. Trois spécimens seulement existent en Bretagne.

Le groupe sculpté dit « le cheval de saint Mathieu » représente le dieu-cavalier Jupiter sur son cheval. Vêtu d'une courte cape et chaussé de bottines, il foule le corps contorsionné d'une femme-sirène, poitrine en avant, de forme mi-humaine, mi-animale, dont les jambes se finissent en queue de serpent ou anguipède. La sculpture est incomplète, en partie altérée. Elle se devine plus qu'elle ne se lit du premier regard. Le cavalier a le corps brisé et le monstre féminin comme le cheval ont perdu la tête.

Cette représentation mythologique du dieu Jupiter écrasant sous les sabots de son cheval une allégorie des forces souterraines se trouvait en son temps au sommet d'une colonne, implantée à la croisée des chemins. Il s'agissait d'affirmer la toute-puissance du dieu et sa protection divine sur les mortels.

C'est à François-Marie Luzel, l'enfant du pays, anthropologue, linguiste et poète que l'on doit le signalement en 1886 de cette trouvaille et la sauvegarde de ce monument d'un intérêt archéologique exceptionnel. Une victoire pour ce conservateur des archives du Finistère, grand collecteur des contes et chansons populaires de Bretagne, ardent défenseur de la langue et de la culture bretonne qui sut batailler pour que soit maintenu le cavalier à l'Anguipède à Plouaret, sur le lieu de sa découverte.

L'énigme du temple de Lanleff

Il ne laisse personne indifférent et suscite mille questions, tant son architecture peu commune, déroute et intrigue. De quoi s'agit-il ? Le temple de Lanleff. Son nom même, toujours usité, résiste à toute explication logique et scientifique. Comme si, sa part d'inconnu et de mystère restait essentielle et plus importante que la réalité par trop banale d'une datation précise de son architecture. Mais les archéologues sont là pour rétablir l'exactitude historique et mettre fin, hélas, aux spéculations romantiques qui ont fleuri au fil des siècles. Le temple de Lanleff est une église romane du XIe siècle, sans doute le plus ancien édifice du haut Moyen Âge connu en Bretagne...

Adieu temple gallo-romain, sanctuaire dédié aux divinités celtes, baptistère mérovingien pour premiers Chrétiens, église des

Templiers ou des Hospitaliers de Saint-Jean de Jérusalem. Cette dernière version paraissait si plausible. Le temple n'aurait-il pas pu être construit par de riches pèlerins de retour de Terre sainte ? D'ailleurs, n'évoque-t-on pas l'architecture de l'église du Saint-Sépulcre de Jérusalem pour modèle de l'énigmatique temple de Lanleff ?

À l'écart des routes, en contrebas du village de Lanleff, à l'abri du rempart que forme la rangée des maisons anciennes collées les unes aux autres, le temple de Lanleff ne se montre pas. Il faut aller à sa rencontre, qui a de quoi surprendre. Son mur-forteresse à l'architecture austère n'est guère engageant et tient plus de la citadelle ou de la prison. Ce n'est qu'en s'avançant de quelques pas que se dévoile l'inattendu. Un véritable saisissement face à l'étrangeté du lieu.

Le bâtiment se présente sous une forme parfaitement cylindrique, deux cercles de pierre enchâssés. Une première enceinte circulaire extérieure, aux murs épais et aveugles, percés de quelques étroites meurtrières, déroule ses arches de pierres et ses deux absidioles. En partie démolie, elle laisse entrevoir l'enceinte intérieure à la forme tout aussi concentrique et parfaite. Douze arches soutenues par douze solides piliers doublés de colonnettes rythment l'espace. Le ciel, de nuit comme de jour, s'invite pour parfaire l'édifice, car il n'y a pas de toit. Les étoiles et la lune souvent y projettent leurs pâles lueurs. C'est une architecture fabuleuse, fascinante. Pas moins de 140 motifs décoratifs ornent les chapiteaux et les bases des colonnes qui s'animent d'ombre et de lumière selon les saisons : géométriques, torsadés, à volutes mais aussi représentations d'animaux, d'humains aux significations mystérieuses. L'une des sculptures dénommée « Adam pudique » intrigue par son personnage doté de larges mains aux longs doigts démesurés. Réalisées dans un mélange de matériaux alliant différents granits et grès rose, ces sculptures sont fragiles et leurs motifs s'effacent inexorablement au fil du temps.

Le mystère s'épaissit donc un peu plus, au fur et à mesure que disparaissent ces figures étranges, rébus indéchiffrables, témoins impuissants du temps qui passe.

À L'assaut des Cieux

Le style Beaumanoir, unique et flamboyant

À partir du xve siècle, le Trégor va connaître une période de construction d'églises et de chapelles sans précédent. Le style est reconnaissable entre tous. Il s'agit du style Beaumanoir, du nom de son concepteur, Philippe Beaumanoir. L'homme est issu d'une dynastie de bâtisseurs originaires de Plougonven. Depuis plusieurs générations, les Beaumanoir sont tailleurs de pierre ou maîtres picoteurs comme on les appelle dans le métier, spécialisés dans l'architecture religieuse.

Mais c'est Philippe Beaumanoir, compagnon qualifié, qui va concevoir et imposer un style unique et flamboyant lequel va très vite se répandre sur tout le territoire de Basse Bretagne. Le nombre et la qualité de ses réalisations impressionnent. D'eux d'entre elles, l'église Saint-Nicolas du Plufur

et l'église Saint-Yves de Plougonven, vont marquer définitivement les caractéristiques du style Beaumanoir et faire école des XVe et XVIe siècles au XIXe siècle, où le style sera largement reproduit.

Philippe Beaumanoir introduit deux innovations qui vont changer la physionomie des édifices et leur donner une silhouette typique : un clocher-mur élancé et une abside à multiples noues et trois pans.

La nouveauté est de taille. Elle va permettre à chaque paroisse aussi modeste soit-elle, de posséder son clocher. Le principe de construction est simple et systématique. Un plan en croix latine pour le chœur, une nef à un seul vaisseau, une structure stable et un pignon épais renforcé par quatre contreforts à balustrade pour permettre d'élever le clocher, flanqué d'une tourelle d'escalier appuyée au mur pour accéder aux cloches. Le chevet est polygonal à trois pans coupés surmontés de pignons, séparés par des noues profondes assurant l'écoulement des eaux de pluies vers les gargouilles. Enfin, de manière à faire entrer la lumière, les trois pans du chevet sont percés de fenêtres à vitraux. Le tout est couronné, au gré des demandes, de pinacles, crossettes, larmiers, mouchettes et chimères. Un porche simple ou double, des chapelles privatives peuvent également être ajoutés, suivant la commande.

De 1460 à 1530, les ateliers Beaumanoir diffuseront leur modèle jusque dans les coins les plus reculés du Trégor. Partout fleurissent les chapelles aux lignes harmonieuses que l'on voue aux saints locaux. Tailleurs de pierre, sculpteurs rivalisent de talent pour donner à chaque édifice le meilleur de leur savoir-faire et sublimer les granits employés.

Sous la main des artisans, le matériau dégrossi, taillé, appareillé, sculpté, ciselé est un joyau d'architecture. Car il s'agit d'élever un autel à la gloire de Dieu. La foi est un puissant vecteur. Dans son enclos de pierre, chaque église, chaque chapelle est une offrande au Divin.

La beauté singulière des églises et chapelles

Le granit poursuit sa conquête des Cieux. Toutes les variétés sont requises et confèrent aux constructions leurs beautés singulières. Rosé, beige, gris-bleu, les assemblages de pierre habillent les édifices de leurs teintes subtiles. Les façades peuvent se métamorphoser au fil des heures. Célestes au petit matin, austères en journée, flamboyantes au coucher du soleil.

Des récits plus ou moins fantasmés viennent attribuer aux saints évangélisateurs venus d'Irlande l'origine de la fondation de telle église. Autant de lieux sacrés que de saints. Chacun nous enchante de ses représentations symboliques et naïves. Saint-Jacques le Majeur à Perros-Guirec, passage pour les pèlerins en route vers Saint-Jacques de Compostelle, est

une construction massive à l'aspect fortifié. Sa forme est insolite. La façade à tour carrée et contreforts est surmontée d'un étonnant dôme à fléchette en granit rose de La Clarté. Selon la légende, elle aurait été fondée par saint Guirec. Les chapiteaux romans sculptés présentent de curieuses scènes historiées en référence à l'Ancien Testament. Une Nativité pour le moins surprenante montre saint Guirec muni de son bâton pastoral, tirant par la main une femme en train d'accoucher.

La chapelle de La Clarté, toujours à Perros-Guirec, dresse sa haute silhouette élancée, tournée vers le large, bien visible des marins qu'elle protège. Elle porte l'écusson de son fondateur, Roland IV de Coëtmen, mort en croisade. On y entre par une baie extérieure pourvue d'une clôture à jour en bois sculptée de la Renaissance. Son porche voûté abrite un ensemble rare de statues polychromes : sainte Anne patronne des Bretons et saint Pierre tenant la clé du Paradis, les quatre évangélistes, saint Mathieu, une tête d'homme sur l'épaule, saint Marc accompagné du lion à ses pieds, saint Luc et le bœuf, saint Jean tenant l'aigle. L'intérieur de la chapelle recèle d'antiques sculptures et de touchants bateaux *ex-voto*, ainsi qu'un Chemin de Croix offert en 1931 par le peintre Maurice Denis.

Partout, les chapelles trégoroises rayonnent et séduisent par leur modestie et leur singularité. Pratiquement toutes sont classées au titre des Monuments historiques.

La chapelle Notre-Dame de Port-Blanc, au charme discret, semble sommeiller au sein de son enclos. Reconstruite au XVIe siècle sur les fondations d'une ancienne tour de guet du XIIIe, sa particularité est d'être à demi enterrée. Son grand toit à deux versants touche presque terre et l'on cherche où sont passés les murs ! Un vénérable escalier de pierre aux larges dalles de schistes et de granit permet de rejoindre le port, lors des processions traditionnelles dédiées aux marins disparus en mer.

À quelques kilomètres de Lannion, Notre-Dame de Kerfons, bien protégée au cœur d'une forêt de hêtres, déploie son style à la fois gothique et Renaissance. Son jubé de style flamboyant figure parmi les plus beaux de Bretagne.

À Plougrescant, la chapelle Saint-Gonéry hérissée d'une curieuse flèche en plomb penchée déroule, sur son extraordinaire plafond polychrome, l'Ancien et le Nouveau Testament... L'église de Saint-Pierre-et-Saint-Paul de Ploulec'h, impose la noblesse de sa silhouette au centre du village...

L'église de Trédrez conserve, au-dessus de son porche, une secrétairerie où se réunissait le conseil de fabrique. Son patrimoine est d'une exceptionnelle richesse, notamment son retable de Notre-Dame en bois polychrome doré à la feuille datant du XVIe siècle, représentant Marie portant l'Enfant Jésus, entourée des douze rois d'Israël portés par l'arbre de Jessé, du nom de leur ancêtre commun.

À Ploumilliau, l'imposante église Saint-Milliau aux gargouilles fantastiques abrite la figure légendaire de « l'Ankou » représentant non pas la mort, mais son serviteur venu collecter les âmes des défunts. Plus modestes, la chapelle de Christ à Trébeurden, la chapelle Saint-Maudez à Lanvellec et à l'instar des

centaines d'autres lovées au bout des chemins creux ne peuvent laisser indifférent.

Leur charme aussi sûrement qu'un sortilège agit pour l'éternité sur la mémoire de nos émotions.

Brélévenez et ses 142 marches

Parmi toutes les églises du Trégor, l'église de la Trinité de Brélévenez tient une place à part. C'est un vaisseau de pierre dominant de sa masse compacte les hauteurs de la ville de Lannion. Son clocher, surmonté d'une flèche audacieuse, semble vouloir hisser encore plus haut l'église, comme pour aller tutoyer les nuages et pourquoi pas Dieu.

Située au sommet de la colline de Crec'h Tane (« colline du feu »), on y accède par un long escalier de 142 marches, bordé à sa droite par de petites maisons étagées. En contrebas, coule le paisible Stanco, qui autrefois séparait le bourg de Brélévenez de Lannion.

Ce nom, Brélévenez, parce qu'il signifie « mont de la Joie » fut un temps attribué aux

chevaliers de l'ordre de Montjoie, possibles commanditaires du sanctuaire d'origine. Cependant, d'après la tradition locale, les Templiers en auraient été les véritables fondateurs. Les nombreux domaines dont ils étaient propriétaires dans la paroisse et la croix de Malte gravée sur plusieurs pierres tombales découvertes sur le site l'attesteraient.

L'église, longue de cinquante mètres, se caractérise par une architecture de transition, entre l'art roman et l'art gothique, considérée comme remarquable, notamment son imposant chevet en granit rose, daté du XIe siècle.

Fortifiée au XIVe siècle, lors de la guerre de Succession de Bretagne, puis rendue au culte, elle sera régulièrement enrichie de nombreux apports d'architecture : voûtes d'ogive à multiples nervures, colonnettes, piliers, chapiteaux ornés de feuillages, végétaux, têtes humaines et animales. La crypte du XIIe siècle renferme une admirable Mise au Tombeau en bois polychromé du XVIIIe siècle. Un original bénitier est intégré dans le mur à l'entrée de l'édifice. Il s'agit d'une ancienne mesure à grains du XIIIe siècle.

La nef haute et lumineuse, déployée sur onze travées, comme le chœur à déambulatoire voûté manifestent tout le prestige et le rayonnement voulu par les commanditaires.

Au-delà de la richesse de son mobilier religieux, la puissance de son architecture continue aujourd'hui encore de faire de l'église de Brélévenez l'égale des plus grandes.

L'église Saint-Michel-en-Grève et son cimetière marin

Au fond de la baie de Saint-Efflam, la silhouette de l'église de Saint-Michel-en-Grève se découpe, altière sur le vaste horizon. Humble en apparence, elle recèle une statuaire d'une grande richesse et d'émouvantes toiles peintes par André Thiry. Toute sa vie durant, ce peintre-ermite peignit des scènes religieuses dont il fit don à la paroisse, à sa mort en 1983.

Mais la grande particularité qui fait de l'église de Saint-Michel-en-Grève une destination incontournable est son cimetière marin. L'église possède en effet l'unique cimetière marin des Côtes-d'Armor, l'un des très rares spécimens connus en France, dont quatre seulement sont recensés en Bretagne.

Le cimetière, ceinturé d'un mur d'enceinte en solide granit, surplombe le rivage. Il est dessiné comme une proue de navire. Bien amarré à son clocher à marée basse, il semble prêt à fendre les flots à marée haute, protégé par l'archange saint Michel.

Aucune tristesse en ce lieu entièrement tourné vers l'océan, loin des pesanteurs terrestres, bercé par les rires d'enfants jouant sur la plage, veillé par les mouettes gardiennes du ciel.

Face à la mer, exposé aux vents du large et à ses embruns, il semble inviter les âmes mortes à de lointains et fabuleux voyages.

Tréguier, à l'ombre de saint Yves, Beauport, l'abbaye de la mer

Tréguier fait partie de ces villes qui, à l'instar de Saint-Malo, Dinan, Locronan et autres cités de caractère, convoquent aussitôt l'imaginaire et offrent la vision d'une Bretagne ancestrale, ayant conservé intacts, tous les traits de son passé.

Capitale du Trégor, cité épiscopale puissante à travers les siècles, Tréguier possède un patrimoine architectural d'une exceptionnelle richesse.

Chacune de ses ruelles, chaque façade est un précieux témoignage de son histoire médiévale et religieuse. Mais pas seulement, puisque la ville, fondée au VIe siècle par saint Tugdual et qui vit naître en 1253 saint Yves, est aussi celle d'Ernest Renan qui y vit le jour en 1823. Ces deux grands esprits, penseurs de leur temps dont les œuvres continuent de rayonner, sont emblématiques d'une ville aux multiples facettes.

Le centre historique dévoile de belles maisons cossues en granit, serrées le long d'étroites ruelles descendant jusqu'au port, sur la rivière du Jaudy. Les façades à pans de bois colorés, soutiennent des sablières sculptées de grotesques aux faces grimaçantes. Les demeures s'ouvrent par l'arrière sur des cours carrées où survivent de vieilles tours et échauguettes médiévales. Les plus anciennes maisons se tiennent sagement groupées autour de la cathédrale Saint-Tugdual qui domine la ville de toute sa monumentalité.

L'édifice de granit daté des XIVe et XVe siècles, rappelle que celle que l'on surnomme la ville-cathédrale fut l'un des neuf évêchés de Bretagne au pouvoir puissant jusqu'à la Révolution française. Adossé à la cathédrale, le magnifique cloître déploie ses délicates arcades à colonnettes. Ses galeries abritent de beaux gisants de pierre. À quelques pas, le palais épiscopal, aujourd'hui hôtel de ville, les dizaines de

couvents, monastères et chapelles bien cachés derrière leurs hauts murs, les hôtels de chanoines, la Psalette, la Chantrerie... rappellent la place dominante qu'occupèrent le clergé et l'église, du XVIIe siècle au début du XXe siècle.

Chaque année, le troisième dimanche de mai, le grand pardon de la Saint-Yves, rassemble des milliers de croyants et non-croyants, et des centaines d'avocats en robe, dans une procession de plusieurs kilomètres où sont exposés bannières et reliquaire contenant le chef de saint Yves de Kermartin.

La présence de cette foule fidèle témoigne de l'immense ferveur et de la dévotion des Bretons pour leur illustre saint, défenseur des pauvres et patron des avocats, toujours représenté entre le riche et le pauvre, dont la piété et l'humanisme restent aujourd'hui encore un repère pour toute la Bretagne.

Pour les puristes, évoquer l'abbaye de Beauport dans un ouvrage consacré à la Côte de Granit rose est une erreur et ils auront raison. Mais comment ne pas succomber au charme de cette merveilleuse abbaye et juste la citer, pour le plaisir, pour sa beauté.

Le caractère majestueux de ses ruines romantiques, les vestiges d'une architecture gothique méritaient à eux seuls une brève incursion au-delà des frontières de la côte de granit rose, aux marches du pays Goëlo !

Fondée au XIIIe siècle par l'ordre des Prémontrés, l'abbaye de Beauport est l'un des sites monastiques les plus complets de Bretagne, classée depuis 1862 aux Monuments historiques et protégé depuis 1993 par le Conservatoire du littoral. Son domaine s'étend sur près de 120 hectares, face à l'archipel de Bréhat et à la mer dont elle est protégée par une double ceinture de murailles. À marée haute, les flots viennent lécher les murets et inonder les prés-salés.

L'abbaye de Beauport apparaît alors irréelle sur les hauteurs, au centre d'une vaste prairie balayée par les vents du large.

Des citadelles de granit aux villas de la Belle Époque

Forteresses et châteaux de légende

Ils ont nourri nos rêves et nos jeux d'enfant, ont illustré nos premiers dessins. Ils sont au cœur des romans, des films qui nous ont passionnés. Ils sont une partie de notre mémoire collective, comme si, au plus profond de nous-mêmes, dans nos gènes, vivait toujours le très lointain souvenir d'avoir partagé leur histoire. Oui, les châteaux et forteresses nous fascinent et nous parlent.

Des châteaux de sable, des costumes de princes et princesses, des couronnes et épées en carton sommeillent au fond de nos mémoires. Nous chérissons ce temps des chevaliers, du roi Arthur et de sa Table ronde, qu'inconsciemment nous ne voulons pas voir s'effacer. Ils enchantent notre enfance jusqu'au jour où, devenu adultes, nous n'avons de cesse d'emmener nos propres enfants visiter telle forteresse.

Nous sommes alors heureux de les voir, à leur tour, prendre possession du passé et de le réinventer au gré de leur imaginaire.

Pas moins de 600 manoirs et châteaux ont été recensés sur le territoire du Trégor, sans doute l'une des plus fortes concentrations répertoriées en France au kilomètre carré. La longue histoire mouvementée du duché de Bretagne en apporte l'explication.

La guerre de Succession de Bretagne sur fond de guerre de Cent Ans voit s'affronter différents camps qui luttent pour s'approprier le duché. Nous sommes alors en pleine féodalité.

L'heure est aux fortifications des villes et des châteaux. Leurs hauts murs de granit érigés en solides tours de défense sont renforcés de créneaux, mâchicoulis et meurtrières, doublés de remparts et chemins de ronde, protégés par des douves profondes, des ponts-levis et herses réputés infranchissables.

Le plus emblématique d'entre eux est, sans conteste, le château de Tonquédec, dont le nom signifie en breton « lieu du destin ». Un nom prémonitoire des mille et une vies que traverseront durant des siècles, la forteresse et ses occupants, les Coëtmen-Tonquédec, noms célèbres de la noblesse bretonne, jusqu'au miraculeux sauvetage des ruines par la famille de Rougé, à la fois fondatrice historique de Tonquédec et actuelle propriétaire.

Situé à quelques kilomètres de Lannion, dans un cadre naturel somptueux, Tonquédec domine, du haut de son éperon rocheux, la rivière du Léguer et les vallées environnantes. Le château dont la construction remonte au XIIe siècle a été classé monument historique en 1862. Il ne pouvait en être autrement.

L'impressionnante forteresse flanquée de ses onze tours de défense est, à elle seule, un condensé de ce que l'architecture militaire a pu produire de plus abouti pendant la période féodale. Sa barbacane, ses courtines percées d'archères, ses murs épais de six à huit mètres, son châtelet et ses deux tours majeures, la tour d'Acigné et la tour de Rougé, sont d'exceptionnels témoignages du génie de ses bâtisseurs. Franchir la haute porte, c'est entrer dans un monde de légende et d'aventure. C'est aussi comprendre l'incroyable audace des assaillants qui, perchés au sommet d'échelles dérisoires, n'avaient pas d'autre choix que de croire en leur victoire.

Réputé imprenable, Tonquédec le fut pourtant dans la nuit du 17 au 18 avril 1614. C'est par ruse, en pratiquant un trou dans le toit de la tour d'Acigné, donjon haut de plus de vingt-deux mètres sous le chemin de ronde, que Jonathan de Kergariou, mandaté par la régente Marie de Médicis, parvint à surprendre et faire prisonnière une garnison de soldats irréguliers. Ce haut fait d'armes lui valut en récompense deux tonneaux de vin et 300 livres tournois !

La puissance affichée des châteaux forts est en effet de courte durée. Choisir le mauvais camp était souvent fatal. De nombreux châteaux bretons en firent la douloureuse expérience. Un temps glorieux et triomphant, ils connaissent aussi le démantèlement ordonné par le pouvoir royal, en guise de représailles.

Ce fut le sort réservé au château de Coatfrec à Ploubezre. Tombée entre les mains du sieur Guy Éder de La Fontenelle, la forteresse protégée par de solides remparts de granit, devient son repaire et celui de son armée de brigands. L'homme de sinistre mémoire, que l'on surnomme « le loup » est à la tête de 400 cavaliers et de 3 000 hommes, tous craints pour leur cruauté. Combattants aux côtés des Ligueurs dans les guerres opposant catholiques et protestants en ces terribles années, ils pillent, incendient châteaux et villages et massacrent leurs habitants terrifiés. Leurs exactions ravageront le Trégor et la Cornouaille pendant des années. La Fontenelle finira par être arrêté et condamné au supplice de la roue. Il sera exécuté et rompu à vif en place de Grève à Paris le 27 septembre 1602.

Le château de Coatfrec n'est plus aujourd'hui qu'une triste ruine, un amoncellement de blocs de granit envahi par la végétation d'où surgissent les vestiges d'une tour chancelante aux allures fantomatiques.

Belles demeures et fiers moulins

Avec les XVIe et XVIIe siècles, alors qu'émerge un pouvoir ducal autonome, la paix retrouvée profite enfin à l'économie du pays. La Bretagne connaît un essor sans précédent. Moulins à vent, moulins de mer et de rivière font tourner ailes et roues. La production de blés et céréales, la culture du lin, du chanvre et ses milliers de routoirs nécessaires à la fabrication des cordages et voiles de la marine, battent leur plein. Sur les rivières du Jaudy, du Guindy, du Trieux ou du Léguer, dans le port de Ploumanac'h, les moulins font la richesse des seigneurs dont ils dépendent. Partout leurs silhouettes familières prennent possession du paysage. Chansons populaires et comptines s'emparent des malheurs du meunier, qui, endormi, a oublié de surveiller son moulin dont les ailes battent trop vite, tandis que la belle meunière, toute poudrée de farine, se fait conter fleurette par quelque galant empressé.

Le moulin de la lande du Crac'h sur le tertre de La Clarté à Perros-Guirec expose ses ailes aux vents du large. Construit en 1727, restauré en 1986, c'est un magnifique exemple de l'ingénierie de son temps. Sa structure en épais moellons de granit rose supporte une partie supérieure en encorbellement, dotée d'un « chemin tournant ». Cette invention permettait d'écarter les ailes du fût et de les positionner quelle que soit l'orientation des vents et les saisons.

Ports, villes et campagnes s'enrichissent. Les fonctions spécifiquement militaires et défensives des châteaux cèdent le pas à de nouvelles architectures plus vivables, épousant les styles à la mode tout au long des XVIIe, XVIIIe et XIXe siècles.

Les demeures se parent d'encorbellements, de fenêtres hautes laissant entrer la lumière, de belles façades orientées au sud, prolongées par des perrons ouverts sur de magnifiques parcs. Ces châteaux dits de plaisance font florès. Les merveilleux châteaux de Kergrist et de Rosanbo en sont de belles illustrations. Kergrist est à l'origine un manoir Renaissance dont l'architecture se déploie au fur et à mesure de la prospérité de ses seigneurs, les Kergrist, Kergariou, Lescoët et, depuis 1867, les Huon de Penanster.

Nouvelles ailes, fronton classique, escalier à double volée annoncent de majestueux jardins à la française.

À Lanvellec se dresse un autre fleuron : Le château de Rosanbo. Cet imposant quadrilatère aménagé sur six siècles, se découvre au bout d'une longue allée de charmilles en cerceaux et de somptueux parcs. Il figure parmi les plus importants châteaux de Bretagne, érigé en marquisat par Louis XIV. Du vieux manoir gothique, il ne reste plus que quelques vestiges dont une tour d'escalier. Les transformations effectuées du XVIIe au XIXe siècle, façades régulières coiffées de toits à la Mansart, lui ont donné son ample silhouette et renforcé son prestige. Dans la famille des Le Peletier de Rosanbo, depuis l'origine, le château est indissociable de la grande histoire du duché de Bretagne et du royaume de France, mais aussi de ses tragédies. Victime des excès de la Terreur, la famille Le Peletier fut conduite à l'échafaud en avril 1794. Les Rosanbo, leur fille Aline de Malesherbes et son mari Jean-Baptiste de Chateaubriand, frère de l'écrivain, et toute la famille Malesherbes seront guillotinés à quelques jours d'intervalle. La cruauté de l'époque fit en sorte que le patriarche, âgé de 73 ans, assiste d'abord à l'exécution de tous ses enfants et petits-enfants, avant de périr lui-même sous le couperet. La République, dans sa grande mansuétude, fit grâce au plus jeune des fils, Louis, en raison de son âge…

Témoin d'une histoire incroyablement riche et sans repos, la Côte de Granit rose peut s'enorgueillir de posséder parmi les plus beaux châteaux bretons. Attaqués, pillés, détruits, reconstruits, transformés, ils nous racontent plus que l'histoire de leurs pierres, celle de leurs occupants et de nos ancêtres à travers les siècles. Rescapés des outrages du temps, ils ont été courageusement entretenus et souvent sauvés de la ruine par leurs propriétaires opiniâtres, déterminés à transmettre aux générations suivantes un héritage incomparable.

À ce titre, le domaine de trente hectares de la Roche-Jagu et son superbe château du XVe siècle, dernier témoignage du système défensif protégeant l'estuaire du Trieux, sont l'illustration du formidable travail de rénovation, de valorisation et d'animation engagé par le conseil départemental des Côtes-d'Armor depuis 1958. Sans ce volontarisme des pouvoirs publics et des Monuments historiques, sans l'action des collectivités locales et régionales, et celle de mécènes éclairés, ce patrimoine exceptionnel de l'identité bretonne serait condamné à disparaître de façon irréversible.

Villas maritimes et folies des bains de mer

Dès le Second Empire, la révolution industrielle va favoriser les voyages que le chemin de fer naissant ne cessera de développer jusqu'à nos jours. Cette période prospère et brillante s'accompagne de la naissance d'une nouvelle élite fortunée, désireuse de marquer son temps et d'exposer sa réussite. On découvre la beauté des paysages du littoral, les bienfaits du grand air marin et des bains de mer, largement recommandés par le corps médical de l'époque. Aux excursions pittoresques des premiers séjours succède l'envie de villégiatures à la mode.

C'est la naissance du tourisme. Nous sommes en 1880. Les plages de la côte lannionnaise décident d'adopter un nouveau nom, à l'instar des régions côtières voisines aux appellations suggestives de Côte d'Émeraude, Côte

d'Opale, Côte de Nacre… Le nom est choisi. Ce sera la dorénavant célèbre « Côte de Granit rose », du nom de sa roche emblématique à la couleur enchanteresse qui représentera le territoire.

Son granit, aux origines de toute son histoire sera, encore et toujours, au rendez-vous et le marqueur d'une nouvelle période de construction, celle des villas maritimes que l'on surnommera les villas 1900 ou de la Belle Époque.

Elles ont l'allure des dames élégantes et extravagantes de leur siècle, corsetées, chapeautées, enrubannées.

Bâties sur les plus belles corniches du littoral, de Perros-Guirec à Trégastel et Trébeurden, face au grand large, ces villas d'un nouveau genre rivalisent de détails d'architecture dont la variété et la virtuosité caractérisent aujourd'hui leur style. Tourelles, pignons et toits pointus, faux colombages à la normande, bow-windows et *look-out* suivant la mode anglaise, font de ces « petites fantaisies » ou « folies » la nouveauté de cette fin du XIXe et du début du XXe siècle.

Pour affirmer leur ancrage, ces « châteaux de plaisance » adoptent le granit, la pierre régionale avec le désir affiché de s'inscrire dans le paysage et d'en épouser l'harmonie.

L'heure est au romantisme et à l'historicisme. Poètes, peintres, romanciers célèbrent les vertus des époques disparues. Le Moyen Âge, la Renaissance sont remis au goût du jour et sont des sources d'inspiration pour les architectes. Ils sont heureux de décliner ces tendances de la Belle Époque qu'incarnent dans leurs œuvres ou dans leur vie, les célébrités parisiennes telles que Sarah Bernhardt, Eugène Viollet-le-Duc, Victor Hugo, Pierre Loti...

Castels néo-gothiques construits à partir des granits locaux réinterprètent une certaine idée du passé avec leurs fenêtres à meneaux ou trilobées, leurs gargouilles, les portes en plein cintre et les salles d'apparat surmontées d'une voûte ogivale. On n'hésite pas à déménager les ruines de vieilles chapelles dont les pierres sont judicieusement réemployées dans un projet alliant confort moderne et allure médiévale.

Le régionalisme connaît un franc succès. Le mouvement artistique breton « Ar Seiz Breur », créé en 1923, ajoute sa touche de motifs celtisant alliant tradition bretonne et modernité. Ils seront massivement adoptés par les nouvelles villas et les grands hôtels de la côte dans leurs décors, mobiliers et vaisselles. La couleur bleu profond appelée « bleu James Bouillé » du nom de son concepteur, sera également largement prisée.

Sur toute la côte, fleurissent pensions de famille et grands hôtels. À Perros-Guirec, le Printania, le Grand Hôtel des Bains, la Roseraie, le Sphynx rivalisent avec leurs concurrents : à Trébeurden, le manoir de Lan Kerrelec, le mythique Ti Al Lannec ou l'Armoric et le Bellevue de Trégastel...

Le prestige de chacun se mesure à la qualité des services proposés. Des radeaux-plongeoirs et cabines de bain, tentes et pliants sont installés sur les plages. Des régates, promenades sur les îles et pêches en mer offrent de vivifiantes escapades.

La station climatique de Perros-Guirec, avec son Casino municipal, ouvert de juillet à octobre, donne le ton. Les programmes annoncent spectacles, concerts, théâtre, cinéma et dancing. Tous les mardis et vendredis, on invite au grand bal costumé. La cité des Hortensias organise en outre, chaque 15 août, le pardon Notre-Dame-de-la-Clarté réunissant des milliers de curieux et fidèles.

La Fête des chantres du Trégor révèle aux vacanciers les charmes authentiques de la culture bretonne. Ce jour-là, le cercle littéraire rassemble les écrivains et poètes autour d'Ernest Renan, Charles Le Goffic, Gabriel Vicaire, Anatole Le Braz, François-Marie Luzel... Le public peut admirer les poètes déclamer leur amour pour les splendeurs de ce pays de landes, de roches et de légendes.

Les peintres aussi célèbrent la beauté incomparable des paysages. Sur la toile, ils livrent leur vision de l'insaisissable lumière de cette côte qui ne se donne qu'à celui qui en comprend les mirages. Maurice Denis, Henri Rivière, Laurent Challié, Étienne Bouillé, Albert Clouard, Jules-Émile Zingg et Georges Sabbagh, et tant d'autres auront par leur regard inspiré, immortalisé des scènes et des paysages appartenant chacun à un temps à la fois présent et révolu.

C'est cette Belle Époque, faite d'intenses bouleversements, d'audaces et de persévérance, qui a façonné la Côte de Granit rose et transmis aux générations dont nous sommes, un incroyable modèle d'imagination et de respect pour un territoire. En parvenant à lui donner les infrastructures dont il avait besoin pour se transformer et s'adapter à la révolution du tourisme, en continuant avec le granit une histoire millénaire de la construction, les XIXe et XXe siècles ont montré qu'il était possible de concilier modernité, respect des paysages et protection de l'environnement.

Les rochers de granit gisant sur le sable, au pied des splendides villas des siècles derniers, continuent de nous murmurer combien la nature est précieuse et fragile, combien elle doit être sauvegardée.

Et demain ?

La balade se termine avec le sentiment de n'avoir rien vu encore, ou si peu, de l'extraordinaire richesse de la Côte de Granit rose.

Le choix des images, des lieux, des récits est forcément aléatoire. L'auteur des photographies s'est laissé guider par sa sensibilité et les moments d'intenses émotions éprouvées, sans chercher à être exhaustif ou vouloir une quelconque objectivité. Il aime cette Côte de Granit rose simplement. Son ambition a été de partager ses coups de cœur en proposant de prendre le temps nécessaire pour entrer dans le cœur de l'image. À l'heure où les téléphones portables permettent de prendre des milliers de photos et de les poster avant même de les avoir réellement regardées, Michel Follorou nous invite à explorer au plus profond de notre sensibilité, les sensations subtiles et multiples pour capter, peut-être, l'instant de grâce qui fera d'un cliché, un moment d'éternité.

Avant de refermer ces pages, il est important de s'interroger sur le sort réservé à ce qui fait de la Côte de Granit rose un endroit unique et remarquable. Devra-t-on un jour parler de l'âge du granit, comme on désigne l'âge du fer ou du bronze ? Les carrières de l'île Grande ont fermé depuis longtemps. Celles de Perros-Guirec continuent de fonctionner au rythme ralenti pour produire le granit des pierres tombales, des chantiers de restauration, des placages pour façades de maison... Peu, au regard des puissants témoignages que nous laissent les siècles passés.

Partout présent, sur la côte, à l'intérieur des terres, le granit a façonné un paysage breton d'exception, une identité spécifique à la Côte de Granit rose. Mégalithes, humbles chaumières, croix et chapelles, châteaux et manoirs, cités de caractère, villas balnéaires, témoignent de la force à travers les âges d'un matériau aux qualités éternelles : beauté, noblesse, solidité, durabilité.

À la condition que l'homme prenne aussi la mesure de sa fragilité.

Ces traces pourront-elles en effet résister à l'envahissement insidieux de l'ère du béton, des lotissements impersonnels, à la banalisation des maisons-garages à toit plat ou en bois dont on nous affirme aujourd'hui les valeurs écologiques, bien que pour beaucoup fabriquées à partir de matériaux venus de continents éloignés de milliers de kilomètres...

Les paysages millénaires de la Côte de Granit rose sont-ils condamnés à l'hégémonie d'une standardisation de l'espace urbain au détriment d'un environnement naturel, grandiose, authentique ?

Les pouvoirs publics et élus, à l'image des associations d'avant-garde qui ont permis de sauver le massif de Ploumanac'h d'une probable destruction au début du XXe siècle, sont pleinement conscients des enjeux. Avec le Conservatoire et la maison du Littoral, ils agissent au quotidien pour réinventer un tourisme du XXIe siècle,

de qualité, vigilant, soucieux de trouver le meilleur équilibre entre préservation et développement du territoire dont l'hyperfréquentation représente un risque réel pour la flore, la faune et les chaos granitiques.

Aujourd'hui, l'association « Côte de Granit rose : Respect et Protection » va plus loin en œuvrant de façon déterminée à l'inscription de la Côte de Granit rose au patrimoine mondial de l'humanité par l'Unesco, au titre de site naturel exceptionnel.

Cette action, menée en partenariat avec les maires, les élus locaux et régionaux et les institutions de l'État, représenterait une chance pour l'avenir et la pérennité d'un site unique qui mérite d'être reconnu et vécu comme un patrimoine commun inestimable de notre humanité.

Table des illustrations

À l'assaut des Cieux

Des citadelles de granit aux villas de la Belle Époque

Et demain ?

Bibliographie

Curiosités géologiques de la Côte de Granit rose, Pierrick Graviou, Odile Guérin- BRGM éditions, Orléans, 2017

Guide géologique de la Bretagne, Guides géologiques régionaux, Hubert Lardeux, Issy-les-Moulineaux, 1996.

Trégor, terre de granits, Perros-Guirec - La Clarté, au cœur du bassin Granitier, université du temps libre de Lannion, 1998.

Perros-Guirec, Regards croisés, Édition Ville de Perros-Guirec, 2020.

La Côte de granit Perros-Guirec Station climatique, collection créée par M.-G. Micberth, Le Livre d'Histoire, 1935.

Perros-Guirec, Histoire et découverte d'une ville balnéaire, Édition Ville de Perros-Guirec, 2022.

En Basse-Bretagne, F.-M. Luzel, Hor Yezh, 1996.

Les Sept-Îles, Mémoires, Joseph Salembier, Impressions.

Trégastel, Roger Le Doaré, Impressions.

Trésors du Trégor, Châteaux et manoirs, Christian Kulig, Patrick Worthington, Éditions Trésor du Trégor, Saint-Thonan, 2013.

Le *Trégor historique et monumental, Anciens évêchés de Bretagne*, Pierre Barbier, Les Presses Bretonnes, 1960.

Histoire de la Bretagne et des pays celtiques, l'État breton de 1341 à 1532 et pays celtes au Moyen Âge, Édition Skol Vreiz.

Bains de mer de Bretagne, du Mont-Saint-Michel à Saint-Nazaire, Les guides illustrés, Hachette.

Château de Tonquédec, tout savoir de son histoire, Éditions d'art Jack.

Remerciements

à Yas Banifatemi, précieuse amie à l'origine de cette nouvelle aventure

Des exemplaires du livre « Côte de Granit rose, aux origines » seront offerts aux écoles et bibliothèques des communes de Perros-Guirec, Trégastel, Pleumeur-Bodou et Trébeurden, ainsi qu'à différents organismes régionaux et nationaux par Mme Yas Banifatemi, dans le cadre de son attachement et de son soutien au respect et à la protection du site naturel de la Côte de Granit rose.

à nos chers parents qui nous ont transmis l'amour de la Bretagne, pays natal et celui du Trégor, pays de nos ancêtres

à Hughes Blachère, Docteur en Géologie structurale et appliquée de la faculté des sciences d'Orsay, pour son érudition, ses conseils d'expert et surtout pour nous avoir communiqué sa passion des granits

à Jean-Pierre Grunfeld, sémiologue urbain et consultant, pour la richesse et la bienveillance de son expertise

aux amies et amis, géologues, marins, agriculteurs, scientifiques et artistes pour leurs encouragements et les passions partagées pour cette merveilleuse Côte de Granit rose : Perle et Grün, Hughes et Élisabeth, Pascale et François, Anne et Yves, Louisette et Jacques, Serge et Louise et tous les autres qui se reconnaîtront

à Anne-Victoire de Rougé, propriétaire éclairée du château de Tonquédec pour son accueil et sa passionnante vision de l'avenir du site

à Marielle Kerbaol, présidente de l'association « Côte de Granit rose : Respect et Protection », à l'initiative de la création du dossier en vue de l'inscription par l'Unesco de la Côte de Granit rose au patrimoine mondial de l'humanité, et à tous les membres et adhérents engagés dans ce projet (contact : granitrose-patrimoinemondial.com)

à la maison du Littoral et à la LPO, ligue de protection des oiseaux, et maison de la Réserve naturelle des Sept-Îles, pour leurs actions quotidiennes de préservation et de sensibilisation des publics au respect de l'environnement

à la SNSM (Société nationale de sauvetage en mer) des stations de la Côte de Granit rose (Trégastel – Île Grande, Ploumanac'h, Trébeurden...) et à leurs bénévoles pour leur engagement et leur remarquable travail

à Hervé Chirault pour ses précieux conseils et sa confiance tout au long de l'élaboration de ce bel ouvrage.

à tous les amoureux de la Côte de Granit rose, ils sont nombreux

Editeur : Hervé Chirault
Coordination éditoriale : Isabelle Rousseau
Conception graphique et mise en page : Cécile Gibbes
Photogravure : Graph&ti, Cesson-Sévigné (35)
Impression : PPO Graphic, Palaiseau (91)

ISBN : 978-2-7373-8944-3
N° d'éditeur : 11039.01.1,8.10.23

Achevé d'imprimer en France en octobre 2023
Dépôt légal : octobre 2023
editions.ouest-france.fr